Nothing Lasts, but Nothing Ever Ends

Benjamin Andrae

Nothing Lasts, but Nothing Ever Ends

Neue Argumente für die fortgesetzte
Existenz der Vergangenheit

Benjamin Andrae
Philosophia Verlag
München, Deutschland

ISBN 978-3-658-49866-5   ISBN 978-3-658-49867-2   (eBook)
https://doi.org/10.1007/978-3-658-49867-2

Die Deutsche Nationalbibliothek verzeichnet diese Publikation in der Deutschen Nationalbibliografie; detaillierte bibliografische Daten sind im Internet über https://portal.dnb.de abrufbar.

© Der/die Herausgeber bzw. der/die Autor(en), exklusiv lizenziert an Springer Fachmedien Wiesbaden GmbH, ein Teil von Springer Nature 2025

Das Werk einschließlich aller seiner Teile ist urheberrechtlich geschützt. Jede Verwertung, die nicht ausdrücklich vom Urheberrechtsgesetz zugelassen ist, bedarf der vorherigen Zustimmung des Verlags. Das gilt insbesondere für Vervielfältigungen, Bearbeitungen, Übersetzungen, Mikroverfilmungen und die Einspeicherung und Verarbeitung in elektronischen Systemen.
Die Wiedergabe von allgemein beschreibenden Bezeichnungen, Marken, Unternehmensnamen etc. in diesem Werk bedeutet nicht, dass diese frei durch jede Person benutzt werden dürfen. Die Berechtigung zur Benutzung unterliegt, auch ohne gesonderten Hinweis hierzu, den Regeln des Markenrechts. Die Rechte des/der jeweiligen Zeicheninhaber*in sind zu beachten.
Der Verlag, die Autor*innen und die Herausgeber*innen gehen davon aus, dass die Angaben und Informationen in diesem Werk zum Zeitpunkt der Veröffentlichung vollständig und korrekt sind. Weder der Verlag noch die Autor*innen oder die Herausgeber*innen übernehmen, ausdrücklich oder implizit, Gewähr für den Inhalt des Werkes, etwaige Fehler oder Äußerungen. Der Verlag bleibt im Hinblick auf geografische Zuordnungen und Gebietsbezeichnungen in veröffentlichten Karten und Institutionsadressen neutral.

Planung/Lektorat: Frank Schindler
Springer ist ein Imprint der eingetragenen Gesellschaft Springer Fachmedien Wiesbaden GmbH und ist ein Teil von Springer Nature.
Die Anschrift der Gesellschaft ist: Abraham-Lincoln-Str. 46, 65189 Wiesbaden, Germany

Wenn Sie dieses Produkt entsorgen, geben Sie das Papier bitte zum Recycling.

*My heart beats against my ribcage
like a trapped bird or an infant's rattle,
ageing forward and backward, simultaneously*
Elvira Easevich, Remember Vienna

Für Nino

Geleitwort

Von allen Themen, die Philosophen, Physiker und Theologen diskutiert haben, war die Debatte über die Zeit für mich schon immer die faszinierendste. Dieses Buch, „Nothing Lasts, but Nothing Ever Ends" ist ein ausgezeichneter Beitrag zu dieser Jahrhunderte alten Diskussion. Meine persönliche Faszination für dieses Thema stammt wesentlich aus meiner eigenen Lebensgeschichte, die im Jahr 1962 in einem katholischen Waisenhaus in New Orleans begann.

Meine unverheiratete leibliche Mutter und mein namenloser und unbekannter leiblicher Vater wurden am Tag meiner Geburt aus meinem Leben gelöscht – durch eine verbindliche Vereinbarung, die meine Mutter mit der katholischen Institution geschlossen hatte, in der ich geboren wurde. Die Bedingungen dieser Vereinbarung bedeuteten, dass ich ein Waisenkind wurde. Ich hatte zwar zwei lebendige Eltern – aber wegen dieser Vereinbarung verschwanden meine Eltern, und alle Vorfahren auf beiden Seiten der „Familie" für immer; so, als wäre ich nie in ihrem Stammbaum gewesen. Diese Entscheidung erfolgte, ohne dass ich gefragt wurde.

Ein Jahr später wurde ich adoptiert, eine Geburtsurkunde wurde erstellt – mit einem Namen, ausgesucht von meinen Adoptiveltern;

Fremde, die formal als beide leibliche Eltern aufgeführt wurden. Diese Urkunde war ein zweites, mich mein ganzes Leben lang rechtlich bindendes Dokument, das ohne meine Zustimmung erstellt wurde.

Wegen der wunderlichen Gesetze zur nichtöffentlichen Adoption sind für mich die Vergangenheit, die Gegenwart und die Zukunft zu einem einzigen, komplexen und undefinierbaren *Ding* kollabiert, und dieses *Ding* sitzt noch immer im Kern meines Wesens. Ich habe einen großen Teil meines Lebens damit verbracht, zu versuchen, dieses *Ding* zu verstehen; und ich werde vermutlich den Rest meines Lebens damit verbringen, mit den Komplexitäten, Bedeutungen und Auswirkungen der Umstände meiner Geburt klarzukommen. Es zeigt sich, dass mein Leben untrennbar mit diesen Ereignissen verbunden ist. Für mich ist die Vergangenheit richtig wirklich – sie wird täglich gelebt; in vieler Hinsicht geschieht sie immer noch. Das Abgeschnitten-Sein von meiner Herkunft, die aber trotzdem irgendwo in mir lebendig ist, hat mein Verständnis von Zeit durcheinander gebracht. Diese rechtliche Trennung von meinen leiblichen Eltern und meinen Vorfahren, auch wenn sie so gedacht war, dass sie absolut und unaufhebbar ist, bleibt unvollständig. Ich bestehe, in einem sehr realen Sinne, aus Erinnerungen, an die ich mich nicht erinnern kann. In mir tobt eine Anamnese, die mich durch die Zeit treibt, geschossen wie eine Kugel aus einer Pistole – für immer verbunden mit der Waffe und dem Finger, der den Abzug drückte.

Ich habe eine tiefe Zuneigung für Billy Pilgrim, den Protagonisten von Kurt Vonneguts meisterhaftem Roman "Slaughterhouse Five". In diesem Buch wird Billy Pilgrim – durch seine Erfahrungen im zweiten Weltkrieg, in dem er den Feuerbombenangriff auf Dresden miterlebte – aus dem Verlauf der Zeit herausgelöst. Dieses Trauma führt dazu, dass er verschiedene Momente aus seinem Leben in nicht-linearer Weise erlebt; er springt vor und zurück zwischen Vergangenheit, Gegenwart und Zukunft.

Billy Pilgrim und ich sind Verwandte.

Auch ich wurde aus dem Verlauf der Zeit herausgelöst. Wie Billy bin ich eine Zeitreisende. Beide von uns gehören nicht vollständig in die

Zeit, in der wir leben. Immer sind wir ihr entweder voraus oder hängen ihr hinterher. Wir schleppen und ziehen oder werden geschleppt und gezogen; von denen, die vor uns kamen, von flüsternden Geistern aus der Vergangenheit, von Seelen die uns rufen, aber die wir noch nicht getroffen haben.

Ist die Vergangenheit wirklich? Existiert sie in der Gegenwart? Es gibt Tage, da fühlt sich die Vergangenheit für mich wirklicher an als die Gegenwart, sie beeinflusst meine Entscheidungen, meine Fähigkeit, Beziehungen zu führen, und formt mein Vermögen, sinnvoll über Orte, Familien und ein Zuhause nachzudenken. Vor vielen Jahren schrieb ich einen Song mit dem Titel „Prayer Without Words", der versucht, diese Lebenswelt zu beschreiben:

> *Chains on the mast pull the past, nothing lasts but nothing ever ends*
> *I leave town, break new ground, break down, leave town again*
> *Trapped in the circle, anchored to the weight of the world*
> *Under shooting stars that sink the skies and offer prayer without words*

Ich bin ein Troubadour. Meine Arbeit hält mich in Bewegung von Stadt zu Stadt. In einem typischen Jahr spiele ich über einhundert Shows, schlafe in hundert verschiedenen Städten und in hundert oder mehr verschiedenen Betten. Seit nun drei Jahrzehnten bin ich schon mehr unterwegs als zu Hause, getrieben von einem ursprünglichen Bedürfnis zu reisen, weiter zu machen. Wurde dieses Bedürfnis durch die Umstände meiner Geburt ins Leben gerufen? Das Leben auf Reisen passt zu mir, aber oft frage ich mich, ob ich, irgendwo in meiner Psyche, versuche, irgendwie meine Vergangenheit zu ändern und die Zukunft zu beeinflussen? Versuche ich, irgendeine Kollision zu vermeiden? Sind diese Dinge nicht unbewusst ein Teil dessen, was das Leben als Troubadour für mich so attraktiv erscheinen lässt?

In meinem Song "The Meadow" sieht die Erzähler:in ein, dass es Dinge gibt, die sie nicht hinter sich lassen kann. Im Bewusstsein dieser Tatsache, versucht sie, loszulassen, in die Gegenwart zu kommen und einen Weg zu finden, dort zu leben. Aber wie? Die Erzähler:in kommt zu dem Schluss, dass das ohne göttlich Gnade nicht möglich ist.

Highway 90 Westbound
In the falling dark
Rolling past cornfields
Catfish farms and swamps
A Pascagoula sunset
A longing breaking through
Don't know why I'm always leaving
I don't know why I left you

I have so much to tell you
I am ready to come clean
I am so tired of running
From things I cannot leave
You and me and Mississippi
Battled, beautiful, scarred
In need of forgiveness
And the grace of God

Benjamin schreibt hier in diesem Buch im 14. Kapitel: „…dass es in dieser Denkweise die Möglichkeit gibt, dass wir das Wirken der Gnade Gottes direkt erleben: Immer wenn wir erfahren, dass ein schreckliches Erlebnis im Rückblick ein Stück weit geheilt erscheint, kann es sein, dass wir wirklich wahrnehmen, wie Gott die Vergangenheit zum Guten verändert hat".

Dieser Satz hat mich direkt angesprochen und tief bewegt. Denn ich glaube, dass ich durch die Gnade einen Weg gefunden habe, meine Geschichte nicht mehr so zu verstehen, dass sie mit einer Viktimisierung einhergeht. Gnade ist der Akt, in dem wir akzeptieren und vergeben – anderen oder uns selbst; in dem wir Groll und Verbitterung loslassen und mit Frieden und Verständnis weitermachen. Gnade ist ein Geschenk, verfügbar für all die, die ihre Eigenwilligkeit und ihr Ego aufgeben, ihren Willen an der Macht der Gnade ausrichten und sich auf den Fluss der Wirklichkeit einlassen. Ich habe gelernt, meine Geschichte als eine *Geschichte* zu akzeptieren, und mich als die Geschichtenerzählerin. Und sobald ich anfing, diese Geschichte vollständig zu erzählen, erlebte ich, wie ich befreit wurde von den Umständen, wie diese Geschichte anfing.

Das verlassene Baby lebt auf eine Weise noch immer in mir, und dieses Kind wird auch nirgendwo hingehen. Aber dank der Gnade konnte ich Frieden schließen damit, wie es verlassen wurde. Das bedeutet nicht, dass mich das nicht mehr betrifft, es bedeutet nur, dass ich einen Schritt zurück getreten bin und das, was passiert ist, objektiv, als Beobachterin, gesehen habe.

So bin ich dazu gekommen, die Zeit als Kontinuum zu sehen – eher als Kreis anstatt als Linie, und Gnade als eine sehr, sehr wirkliche Kraft, die die Vergangenheit zum Besseren verändern kann. Gnade hat in der Tat die Macht, die Zeit zu beeinflussen, und durch die Gnade können die Ketten gebrochen werden, die uns halten. Amazing grace, indeed.

Through many dangers, toils and snares,
I have already come
'Tis grace hath brought me safe thus far,
And grace will lead me home

(Übersetzung: Benjamin Andrae)

Mary Gauthier ist eine Grammy-nominierte amerikanische Folk Singer-Songwriterin und Autorin. Ihre Songs wurden oft gecovered, unter anderem von Tim McGraw, Blake Shelton, Kathy Mattea, Boy George, Jimmy Buffett, Bettye Lavette, Candi Staton und Amy Helm. Ihr Grammy-nominiertes 2018-er Album „Rifles & Rosary Beads", das gemeinsam mit Veteranen und ihren Familien geschrieben wurde, wurde als bahnbrechende Leistung gelobt. Sie hat Preise von der Americana Music Association, den International Folk Music Awards, den Independent Music Awards, den GLAMA Awards und der UK Americana Association gewonnen.

Nashville Vereinigten Staaten von Amerika   Mary Gauthier

Danksagung

Dieses Buch verdankt seine Existenz vielen Zufällen und auch vielen Personen. Einigen von letzteren will ich hier nochmal explizit danken:

Bei einem Abendessen mit meinem Doktorvater Godehard Brüntrup haben wir, kurz, über die Existenz der Vergangenheit gesprochen und darüber, was das mit einem sinnvollen Leben zu tun hat. Obwohl es nur vielleicht zehn Sätze waren, hatte mich das Thema ab da gepackt – was mal wieder zeigt, dass es wichtiger ist, was man sagt, als wie viel man spricht.

Godehard war mein wichtigster Lehrer in der Philosophie, und ihm und genauso all meinen Kommiliton:innen und anderen Professor:innen an der Hochschule für Philosophie in München will ich hiermit tiefen Dank aussprechen. Die Seminarsituation, wo wir gemeinsam in den Bänken sitzen, mit den vertrauten Charakteren und ihren verschiedenen gut begründeten Sichtweisen, ist noch immer die archetypische Situation des Philosophierens für mich – und oft frage ich mich bei einem Gedanken: „Wie wäre das im Seminar angekommen, wer der alten Kommiliton:innen hätte was dazu gesagt?".

Ein glücklicher Zufall war es, dass ich genau im richtigen Stadium meiner eigenen Überlegungen das Buch „Vernunft und Temperament" von Logi Gunnarsson gelesen habe, und ein großes Glück war es, dass Logi Gunnarsson danach auf meine Bitte um Austausch geantwortet hat. Für sein wertvolles Feedback zu meinem Manuskript und für seine Ermutigung, dass ich auf einem interessanten Weg unterwegs bin, danke ich ihm sehr.

Nachdem ich schon seit vielen Jahre ein großer Fan von ihr bin, freut es mich riesig, dass Mary Gauthier das Manuskript nicht nur gelesen hat, sondern mich auch darin bestärkt hat, dass die Ideen auch außerhalb der rein akademischen Welt spannend zu lesen sind – und dass sie auch das Vorwort geschrieben hat, ist mir eine ganz besondere Ehre.

Danken will ich auch Tsuyoshi Kurata von der Kyushu University, Matthias Rugel vom Heinrich Pesch Haus und allen Teilnehmenden an den dortigen und vielen weiteren spontan online organisierten Diskussionsrunden dafür, dass ich die Ideen aus meinem entstehenden Buch ausprobieren und danach auf Basis der vielen Rückmeldungen verbessern konnte.

Dass das Buch beim Springer-Verlag eine so gute Heimat gefunden hat, ist Frank Schindler zu verdanken, über dessen schnelle und positive Rückmeldung und seine Unterstützung während des Prozesses ich mich sehr gefreut habe.

Nachdem das Buch jahrelang im Entstehen war, und aus einer Menge an Exzerpten, Gedanken und Bruchstücken bestand, ist es mir erst dank der Residency im Studio Kura in Itoshima (Japan), gelungen, innerhalb von 8 Wochen den Text so aus einem Guss niederzuschreiben, dass ein kohärentes Ganzes daraus geworden ist. Das ist unseren Gastgebern Hiro und Saori und allen Künstler:innen aus der ganzen Welt zu verdanken, mit denen wir und unsere Kinder zwei Monate im ländlichen Japan ein Zuhause und viele Gedanken teilen durften. Einige der Gespräche in der Küche haben erkennbare Spuren in dem Buch hinterlassen!

Für die immer gute Zusammenarbeit und auch dafür, dass meine Kolleg:innen in der Arbeit bei METRUM – und teilweise auch unsere Kunden – die lange Abwesenheit während der Residency zur Finalisierung dieses Buches problemlos ermöglicht haben, danke ich ihnen allen sehr.

Ganz besonderer Dank gilt meinen Mitpatienten, Pfleger:innen und Ärzt:innen auf der D1a und der D2b, wo ich hervorragend behandelt wurde und wo sich mir in einigen Gesprächen und vielen Gedanken zum ersten Mal deutlich gezeigt hat, das diese Ideen zur Existenz der Vergangenheit nicht nur akademisch sondern auch lebensweltlich entscheidend sein könnten.

Ganz persönlich wichtig ist mir, dass die Idee einer Existenz der Vergangenheit und eines durch und durch bejahenswürdigen Lebens für mich zuallererst durch die Menschen begründet ist, mit denen ich das große Glück habe, mein Leben zu teilen. Dazu gehören meine besten Freunde Daniel, Mario, Philipp, Sebastian, Schulze und Tammo, von denen ich fast alle jede Woche treffen darf, und noch viele weitere gute Freunde. Und am allerwichtigsten ist meine Familie: meine Eltern Heike und Steffen, meine Frau Linlen und ihre Familie und unsere wunderbaren Kinder Zeno und Nino.

Einleitung

Der Replikant Roy Batty und die Schriftsteller Thomas Wolfe und Marcel Proust liegen, glaube ich, falsch. Vergangene Momente sind nicht „lost in time, like tears in the rain"[1], die Vergangenheit ist nicht „O lost"[2], und sie ist nicht „perdu".

William Faulkner hingegen scheint mir recht zu haben: Die Vergangenheit ist „never dead. It's not even past".[3]

In meiner Kindheit gab es eine Phase, in der ich schreckliche Angst vor dem Tod hatte. Das allein erscheint nicht ungewöhnlich, und wie die meisten Kinder habe ich irgendwann gelernt, einfach nicht mehr so viel daran zu denken. Woran ich mich aber erinnern kann, als wäre

---

[1] Aus „Blade Runner" (Scott 1982).

[2] (Wolfe 1929). Mein Vater hat mir meine die Ausgabe von „Schau Heimwärts, Engel" geschenkt; das ursprüngliche Manuskript, was Thomas Wolfe bei seinem Verlag eingereicht hatte, hies „O Lost". Er – also mein Vater – war sogar 1972 wegen des Buches in Asheville, North Carolina, der Stadt, in der Thomas Wolfe geboren wurde und die als Vorlage für die Stadt Altamont in dem Buch gedient hat. Aber das war, bevor ich geboren wurde.

[3] (Faulkner 1951). Dieses Buch ist ein gutes Beispiel dafür, dass die Frage der Existenz der Vergangenheit ganz praktische moralische Konsequenzen hat: Die im Haupttext zitierte Aussage stammt von einem Anwalt in dem Buch, der versucht, eine andere Person mit ihren Handlungen und Erlebnissen in der Vergangenheit zu konfrontieren.

es heute, ist ein sehr spezifischer Gedanke dabei: Ich hatte nicht nur Angst, dass ich einmal sterben würde, sondern dass damit dann alles, was ich jemals erlebt, gedacht und gelernt habe, verschwinden würde – weil ich mich ja, wenn ich dann tot bin, nicht mehr daran erinnern kann. Das Nachdenken über die Sicherheit dieses absoluten Verlusts von Allem hat mich regelmäßig in eine Art Panik versetzt, in der ich eine lange Zeit an nichts mehr denken konnte, außer ‚alles wird weg sein, alles wird weg sein'. Nach einer gefühlten Viertelstunde nutzte sich dieser Gedanke ab und verlor – zumindest für eine Weile – seine Bedrohlichkeit; aber weniger durch eine Lösung des Problems, sondern eher so, wie wenn man ein Wort minutenlang immer wieder vor sich hinsagt, bis es in seine Einzelteile zerfällt und dabei seine Bedeutung verliert. Ich erinnere mich, wie ich einmal in meinem Hochbett lag, in der Wohnung meines Vaters, neben dem rot-weiß-gestreiften Lampenschirm in Form eines Heißluftballons aus Papier, und ihm von dieser Angst erzählt habe. Eine Lösung hatte er auch nicht, aber wir waren zusammen froh, wenn die Angst eine Weile später weggegangen war. Mein Vater erinnert sich auch an dieses Gespräch über den Verlust von allem Erlebten, sodass ich recht sicher bin, dass ich das nicht erst viel später, philosophisch motiviert, in die Vergangenheit dazu gedichtet habe.

Obwohl ich diese spezielle Angst schon lange nicht mehr hatte, glaube ich inzwischen, eine Lösung für das Problem gefunden zu haben: Ich glaube, die Vergangenheit existiert kontinuierlich weiter.

Dieses Buch soll der Versuch sein, zu erklären, was damit gemeint ist und warum ich daran glaube. Dabei werden nicht so sehr abstrakte philosophische oder naturwissenschaftliche Argumente im Zentrum stehen, sondern praktische Aspekte und Werte. Es wird darum gehen, einen Konterpunkt zu setzen gegen das Gefühl der Sinnlosigkeit, das uns beschleicht, wenn wir daran denken, dass alles Konkrete, was wir wertschätzen, bald vergangen sein wird – „Alles eitel und Haschen nach Wind", wie es in der Bibel heißt (Prediger 1, 14). Wir werden die Existenz der Vergangenheit dahingehend beleuchten, was sie für unser Leben bedeutet, warum sie Trost spenden kann, warum sie für unser Gefühl von Geschichte und Verortung Sinn macht, warum sie gut zu unserer moralischen Verantwortung passt und warum Erinnerung und Wahrnehmung ähnlicher sind, als wir denken. Wir werden auch darüber sprechen, was diese Denkweise für Probleme mit sich bringt, und einen neuen Ansatz für das Problem der persönlichen Identität – also die Frage, wer ich eigentlich bin – diskutieren.

Hintergrund dieser Ausführungen ist meine grundsätzliche Überzeugung, dass die ganz großen philosophischen Fragen nur mit einer solchen ganzheitlichen Perspektive beantwortet werden können, die auch beinhaltet, wie sich mögliche Antworten für uns als Teil der ganzen Lebenswelt anfühlen. Diese Sichtweise soll nicht die umfangreiche, oft sehr intelligente und lehrreiche Literatur in der analytischen Philosophie über die Metaphysik der Zeit ersetzen – sie soll sie nur um einen wichtigen weiteren Zugang ergänzen, damit wir ein ganzheitlicheres Bild gewinnen.

Inhaltsverzeichnis

Teil I Ausgangspunkte

1 **Für was wird eigentlich argumentiert?** 3
   ‚Die Vergangenheit gibt es noch' 3
   Was ist mit der Zukunft? 7

2 **Gegen was wird argumentiert?** 9
   ‚Die Vergangenheit gibt es nicht mehr' 10

3 **Der Stand der Diskussion in der akademischen Philosophie und in der Physik** 17
   Philosophische Argumente gegen den Präsentismus 18
   Impasse? 22
   Der philosophisch informierte Blick in die Physik 22
   Wie geht es weiter? 27

4 **Erster Einschub: Warum die Existenz der Vergangenheit für unser Lebensgefühl einen Unterschied machen kann** ... 29

5 **Die Rolle von Werten und Gefühlen bei der Diskussion** ... 33
   Philosoph:innen als Anwält:innen? 33
   Eine inklusivere Methode 35

	Was sind „lebensweltliche" Argumente?	37
	Noch ein Gegenargument	45
	Warum sind lebensweltliche Argumente besonders bei der Frage nach der Existenz der Vergangenheit relevant?	46
6	**Wie funktioniert persönliche Identität, wenn die Vergangenheit noch existiert?**	**51**
	Was bedeutet persönliche Identität und was ist das Problem?	51
	Meine vergangenen Versionen sind ein Teil von mir	54
	Wie fühlt sich diese Denkweise an?	58
	Die Rolle der Erinnerung	62

Teil II Neue lebensweltliche Argumente für die Existenz der Vergangenheit

7	**Die Gegenwart ist zu klein für ein sinnvolles Leben**	**71**
	Die Kleinheit der Gegenwart	72
	Was macht unser Leben sinnvoll?	73
	Kann die Gegenwart die Werte enthalten, die das Leben sinnvoll machen?	75
	Wie sieht der Sinn des Lebens aus, wenn es stattdessen die Vergangenheit noch gibt?	81
8	**Die Gegenwart ist unfassbar einsam**	**85**
	Das Basis-Argument	85
	Lebensweltliche Auswirkungen	91
	Wie funktioniert die echte kausale Wechselwirkung, wenn es die Vergangenheit noch gibt?	93
9	**Dass es die Vergangenheit noch gibt, ist Grundlage moralischen Handelns**	**95**
	Verantwortung, Geständnisse und Reue	96
	Die These, dass die Vergangenheit nicht existiert, leistet eher dem Verdrängen und Verschweigen Vorschub als der Reue	98

Die Existenz der Vergangenheit macht moralische Verantwortung erst richtig zu dem, was sie ist	100
Die Existenz der Vergangenheit passt gut zu der moralischen Einsicht, dass alle Menschen gleich wertvoll sind	102

10 Dass es die Vergangenheit noch gibt, ist uns ein Trost im Umgang mit dem Tod — 107
Der erste Schrecken des Todes im Präsentismus — 107
Der zweite Schrecken des Todes im Präsentismus — 110
Wie kann die Existenz der Vergangenheit diesen beiden Schrecken entgegenwirken? — 111
Aber der Tod ist auch ein Übel, wenn die Vergangenheit noch existiert — 115

11 Dass es die Vergangenheit noch gibt, ist der Grundstein der Welt — 119
Gründe für die Gegenwart — 119
Transtemporale Kausalität? — 121
Wie fühlt es sich an, zu denken, dass die existierende Vergangenheit mich beeinflusst? — 126

12 Zweiter Einschub: Warum die Existenz der Vergangenheit für unser Lebensgefühl auch auf der Erde einen Unterschied macht — 129

13 Dass es die Vergangenheit noch gibt, erlaubt uns der großen Vergänglichkeit zu widerstehen — 133
Die große Vergänglichkeit — 133
Unsterblichkeiten — 134

Teil III Probleme und Antworten

14 Der Schrecken der Vergangenheit — 141
Wie gut ist die Vergangenheit? — 142
Erste Antwort: Das Leben von Viktor Frankl — 144
Zweite Antwort: Jedes Leben ist zu jeder Zeit gut — 146

Dritte Antwort: Gott verändert die Vergangenheit zum Guten ... 150

15 Die Besonderheit der Gegenwart für Entscheidungen und die Frage nach der Zukunft ... 155
Die Gegenwart als Ort der Entscheidung? ... 156
Erste Option: Die Besonderheit der Gegenwart als Ort der Entscheidung ist widersprüchlich und daher ein Scheinproblem ... 158
Zweite Option: Die Besonderheit der Gegenwart als Ort der Entscheidung ist durch verschiedene Arten der Existenz begründet ... 160

Ausblick ... 167

Literatur ... 171

Teil I

Ausgangspunkte

1

Für was wird eigentlich argumentiert?

Die erste Frage sollte immer sein: ‚Was ist eigentlich genau die Frage?'.

Die beiden Positionen, die in diesem Buch verglichen werden, sind: ‚Die Vergangenheit gibt es noch' und ‚Die Vergangenheit gibt es nicht mehr'.

Zunächst werde ich dazu kurz die Position umreißen, für die in diesem Buch argumentiert werden wird. In diesem ersten Kapitel geht es nicht darum, alle Details dieser Position darzulegen und zu interpretieren – das wird in den späteren Kapiteln gemeinsam mit den zu den jeweiligen Aspekten passenden Argumenten geschehen. Hier geht es zunächst nur darum, die konzeptuellen Eckpfeiler einzuschlagen.

‚Die Vergangenheit gibt es noch'

„This world is 66 % Then and 33 % Now"[1], schreibt der Dichter und Sänger David Berman. Was die Zahlen angeht, bin ich nicht sicher, aber an sich ist das genau die Idee: Wenn man sagt, was es alles gibt, muss

---

[1] (Berman 1999, S. 18).

man die Vergangenheit miterwähnen. Diese Vergangenheit, so die These dieses Buches, gibt es ganz konkret und partikular noch, also in ihrer ganzen Ausdifferenziertheit in Momente, Dinge, Gefühle, Ereignisse etc.

Es geht dabei um Ontologie, also um die Frage, was es alles wirklich gibt. Das ist – so ist es hier gedacht – erstmal völlig unabhängig von unserer subjektiven Erkenntnis: Auch, wenn es Teile der Vergangenheit gibt, die wir prinzipiell nicht erkennen können, zum Beispiel, weil sie keine verfolgbaren Spuren in der Gegenwart – auch nicht in unserer Erinnerung – hinterlassen haben, gibt es die Vergangenheit noch. Zum Beispiel gibt es, nehme ich an, keine Möglichkeit mehr, jemals herauszufinden, was meine Oma am Abend vor Ihrer Hochzeit zu Abend gegessen hat. Niemand, der dabei war oder dem davon erzählt wurde, lebt noch, und weder meine Oma noch jemand anderes hat es aufgeschrieben. Dennoch, so die hier vertretene Position, gibt es diesen Augenblick noch, das Licht, das in den Raum fiel, in dem sie saß, der vor Aufregung vielleicht nicht fertig gegessene Teller, etc.

Der zweite zentrale Teil dieser Position ist, dass die Vergangenheit wirksam ist. Die Vergangenheit ist der Grund, warum es die Gegenwart gibt. Sie begründet, stützt und verursacht das, was gerade passiert. Die Hochzeit meiner Oma ist einer der Gründe für dieses Buch, da es mich ohne dieses Ereignis nicht geben würde. Ein wichtiger Aspekt dieser Position ist dabei, dass zwischen Ursache und Wirkung größere Zeitabstände vergehen können, wie in dem Fall der Hochzeit meiner Großmutter. Wir werden in einem späteren Kapitel diskutieren, ob das Sinn macht und wie man es verstehen kann. Dass die Vergangenheit intuitiv als Ursache dafür gesehen wird, wie die Gegenwart aussieht, kann man auch an vielen Büchern und Filmen über Zeitreisen ablesen: In dem Film „Butterfly Effect"[2] zum Beispiel kehrt der Protagonist nach seinen Reisen in die Vergangenheit immer wieder in eine andere Gegenwart zurück – eben, weil eine Veränderung der Vergangenheit auch eine Veränderung der Gegenwart verursacht. Ich will mit diesem Beispiel

---

[2] „Butterfly Effect" (Bress, Gruber 2004).

überhaupt nicht sagen, dass Zeitreisen möglich sind, und auch nicht, dass sie so ablaufen würden, wie in diesem Film dargestellt; es geht nur darum, zu zeigen, dass wir uns die Vergangenheit oft ganz klar als wirksam vorstellen.

Wichtig ist hier gleich am Anfang noch einmal deutlich zu sagen, dass diese Existenz der Vergangenheit nicht verstanden werden darf als Existenz von Erinnerung. Die Erinnerung ist ein ganz zentraler Teil unseres Funktionierens als Menschen und sie wird in diesem Buch eine wichtige Rolle spielen. Aber sie spielt sich in der Gegenwart ab: Wir erinnern uns *jetzt* an etwas, und es ist sehr wohl denkbar, dass diese Erinnerungen existieren, auch, wenn die dabei erinnerte Vergangenheit nicht existiert. Ein extremer Fall wird in der Folge „Hard Time"[3] der Serie „Deep Space Nine" dargestellt: Eine außerirdische Zivilisation implantiert verurteilten Verbrechern die Erinnerungen an langjährige Gefängnisstrafen und entlässt sie dann nach wenigen Stunden wieder mit diesen, eigentlich ganz neuen, Erinnerungen an jahrelange Gefängnisaufenthalte, anstatt sie wirklich für viele Jahre einzusperren. Aber nicht nur in Science-Fiction Beispielen, sondern auch in unserem Leben ist es so, dass Erinnerungen sehr oft trügerisch sind. Oft lassen sie Dinge weg oder passen sich unseren gegenwärtigen Wünschen oder Vorstellungen an. Auch wenn wir vermeintlich genaue Erinnerungen an etwas haben, ist das also sicher kein 100 % zuverlässiger Zugang zur Vergangenheit.[4]

Aber diese Schwierigkeiten im Zugang sprechen nicht dagegen, dass die Vergangenheit existiert, genauso wenig wie die Existenz von optischen Illusionen von Bäumen dagegenspricht, dass es Bäume gibt.[5]

---

[3] Siehe auch: https://en.wikipedia.org/wiki/Hard_Time_(Star_Trek:_Deep_Space_Nine).

[4] Wie weit verbreitet solche Effekte sind, ist ein Ergebnis der Forschung von Elizabeth Loftus, die sogar in Gerichtsprozessen immer wieder eine wichtige Rolle spielt.

[5] Dass dieser Satz hier so unkritisch steht, bedeutet, dass eine extrem subjektivistische Position – etwa: „Es macht nur Sinn, über das zu sprechen, was ich gerade erlebe. Alles andere ist entweder nicht-existent oder 100 % irrelevant" – nicht zu der Position in diesem Buch passt. Diese Art von Gegenwarts-Solipsismus ist aber, meiner Einschätzung nach, eine sehr seltene und radikale Position, und wir verlieren nicht viel, wenn wir sie ausschließen.

Gerade, weil es im weiteren Verlauf viel um lebensweltliche Themen gehen wird, ist mir noch wichtig, einen konzeptuellen Abstand herzustellen zwischen der in diesem Buch vertretenen Position – der fortgesetzten Existenz der Vergangenheit – und einem rein auf die Vergangenheit bezogenen Leben, was primär in der Vergegenwärtigung von Erinnerungen besteht. Letzteres wäre problematisch, wie Gerd Haeffner in seiner Darstellung der Denkweise von Ernst Bloch beschreibt, weil „… das frühere Dasein nicht für die Zwecke des jetzigen ausgebeutet werden dürfe, – nicht, weil es mit diesem nichts zu tun habe, sondern ganz im Gegenteil, weil das frühere Dasein gerade in seiner Vergangenheit eine wesentliche Funktion für die jeweilige Gegenwart hat, – allerdings eine Funktion, die es nur erfüllen kann, wenn man es vergangen sein lässt, d. h. nicht eigens durch Vergegenwärtigungstechniken funktionalisiert. Solch ein Versuch der Ausnutzung wäre Missbrauch der eigenen Kräfte und im Grunde ein Mangel an Achtung vor der eigenen Vergangenheit und darin vor sich selbst".[6]

Die jeweils gegenwärtige Existenz hat die Aufgabe, aus der Gegenwart etwas Gutes zu machen, und so zur Welt, und zur nächsten Gegenwart, ein gutes, anstatt ein schlechtes, Stück existierende Vergangenheit beizutragen.

Die These, dass es die Vergangenheit – ganz unabhängig von der Erinnerung – noch gibt, kann man auch als Selbstverständlichkeit sehen: Immerhin sprechen wir andauernd über die Vergangenheit und gehen ganz selbstverständlich davon aus, dass solches Sprechen sinnvoll ist; und dass – anders als Sätze über eindeutig nicht-existierende Dinge, wie zum Beispiel Sätze über den Stadtplan von Atlantis – Sätze über die Vergangenheit wahr oder falsch sein können. Ein Beispiel für diese Sichtweise gibt Ulrich Meyer: „Julius Caesar crossed the Rubicon. Because non-existent people cannot cross rivers, this claim can only be true if Caesar existed. [...] And since he does not exist now, this means that there is an object, namely Caesar, that exists temporally without being present.".[7] Beweis abgeschlossen, die Vergangenheit existiert, könnte

---

[6] (Haeffner 1996, S. 76).
[7] (Meyer 2013, S. 69).

man sagen. Wir wollen uns in diesem Buch nicht auf diese Trivialisierung der Frage einlassen, auch wenn sie meine These von der Existenz der Vergangenheit zu unterstützen scheint. Erstens, weil das die Hauptschwierigkeit primär verschieben würde. Wir müssten dann im Detail die schwierige philosophische Frage diskutieren, wie die Wahrheit von Sätzen sich zur Existenz von Dingen verhält; und zweitens, weil mir derartige direkte Rückschlüsse von der Art, wie wir sprechen, auf die Wirklichkeit immer ein wenig zu kurz zu greifen scheinen. In den Worten von David Foster Wallace: „If [philosophers] want to force upon us a metaphysical conclusion, they must do metaphysics, not semantics".[8]

Was ist mit der Zukunft?

In diesem Buch geht es um die Vergangenheit. Die Philosophie stellt die gleiche Frage auch für die Zukunft: Gibt es sie (schon)? Oder entsteht sie erst durch Zufälle und/oder durch unsere Entscheidungen? Was hat das mit dem freien Willen zu tun? Diese Themen sind in diesem Buch, bis auf einige Hinweise im letzten Kapitel, bewusst ausgeklammert.[9]

Der Grund ist nicht, dass diese Fragen nicht interessant sind – im Gegenteil! Ich bestreite auch nicht, dass es viele Wechselwirkungen zwischen der Frage der Existenz der Vergangenheit und der Frage nach der Rolle der Zukunft gibt. Und nur in der gemeinsamen Betrachtung kann eine umfassende Metaphysik der Zeit entstehen; dieses Buch kann also nicht beanspruchen, eine solche Metaphysik vorzulegen. Der Fokus auf die Frage der Existenz der Vergangenheit in diesem Buch ist einfach der

---

[8] (Wallace 2011, S. 213).

[9] Für Personen, die mit der Terminologie der Diskussion in der analytischen Philosophie vertraut sind, bedeutet das: Meiner Ansicht nach ist die in diesem Buch dargestellte Position kompatibel sowohl mit einem Eternalismus wie auch mit einer „growing-Block" Sichtweise. Und auch für die Frage, ob die Zeitlichkeit der Welt als A-Theorie (also Zeitlichkeit immer als Relation zu einer Gegenwart) oder als B-Theorie (also Zeitlichkeit immer nur als „vorher-nachher" Relation zwischen zwei Zeitpunkten) verstanden wird, ist die hier vertretene Position meiner Ansicht nach im Grunde neutral.

Maxime geschuldet, dass es produktiver ist, sich erstmal einer klar(er) umrissenen Frage zu widmen, und dann weitere Themen darauf aufzubauen, anstatt zu versuchen, mehrere verschiedene Probleme gleichzeitig zu lösen. Für die Suche nach einer umfassenden Metaphysik der Zeit bedeutet das: Wenn die folgenden Argumente überzeugen, muss jede Metaphysik der Zeit die Existenz der Vergangenheit auf substanzielle Art und Weise integrieren. Wie genau sie das tut, wird durch die folgenden Argumente aber nicht vollständig festgelegt.

2

Gegen was wird argumentiert?

Damit der Vergleich sinnvoll ist, und am Ende das Argument für die fortgesetzte Existenz der Vergangenheit sowohl philosophisch als auch lebensweltlich interessant ist, muss als Nächstes geklärt werden, was genau die Position ist, *gegen* die argumentiert werden soll. Dafür will ich sogar mehr Platz und mehr Detail verwenden als im letzten Kapitel, weil diese Gegenposition den Hintergrund bietet, vor dem wir dann bei der Beschreibung meiner Position in den späteren Kapiteln argumentieren werden.

Es geht auch darum, zu zeigen, dass diese Gegenposition sowohl in der Philosophie wie auch im Alltag vertreten wird; und darum, zu beleuchten, warum Menschen diese Position vertreten – denn wenn wir gegen eine Position argumentieren würden, an die eigentlich niemand glaubt oder für die es keine sinnvollen Argumente gibt, würden wir nichts sehr Interessantes sagen; denn dass das, was sowieso keiner auf ernst zu nehmende Weise glaubt, falsch ist, bringt uns kaum voran.

‚Die Vergangenheit gibt es nicht mehr'

In der Philosophie wird diese Position ‚Präsentismus' genannt, und oft so beschrieben: „Nur was gegenwärtig ist, existiert, und die Gegenwart verändert sich".[1]

Eine klassische Formulierung findet sich schon bei Augustinus, der auch klar macht, dass im Präsentismus alles Reden über die Vergangenheit eigentlich ein Reden über Erinnerungen ist: „Freilich werden, wenn man Vergangenes der Wahrheit getreu erzählt, nicht die Wirklichkeiten selbst hervorgeholt, die nun einmal vergangen sind, sondern nur Worte, geschöpft aus Bildern, die im Geiste, als sie durch unsere Sinne hindurch zogen, gleichsam Spuren eingedrückt haben. So gehört meine Knabenzeit, die nicht mehr ‚ist', der Vergangenheit an, die nicht mehr ‚ist'; aber ein Bild von ihr schaue ich, wenn ich sie ins Gedächtnis rufe und schildere, in der Gegenwart, weil dieses Bild annoch in meinem Erinnern ist."[2]

Auch in der gegenwärtigen akademischen Philosophie ist der Präsentismus eine viel diskutierte Position, die in einer sehr breit angelegten Umfrage unter professionellen Philosoph:innen immerhin von gut 18 % aller Befragten vertreten wird.[3]

Ich verstehe den Präsentismus so, dass er, über seine erste Definition hinaus, primär durch drei Merkmale charakterisiert wird:

1. **Präsentismus ist kontinuierliche Zerstörung.** Wenn nur das existiert, was gegenwärtig ist, dann werden ganze Welten in jedem Augenblick zerstört – in dem Moment, in dem eine Person oder Gegenstand oder ein Sachverhalt oder ein Gedanke nicht mehr in der Gegenwart ist, endet ihre/seine Existenz. Zu Ende gedacht, bedeutet das, dass die Beschäftigung mit der Vergangenheit als Selbstzweck

---

[1] (Ingram 2023). Dass der Präsentismus auch eine These über die Nichtexistenz der Zukunft einschließt, soll hier nicht thematisiert werden, da der Fokus in diesem Buch auf der Frage nach der Existenz der Vergangenheit liegen soll.
[2] (Augustinus ca. 400 n. Chr., XI, 18. S. 637 f.).
[3] Siehe: survey2020.philpeople.org/survey/results/all, abgerufen November 2024.

sinnlos ist, weil man sich dann mit Dingen beschäftigt, die es schlicht nicht gibt. Natürlich kann die Beschäftigung mit der Vergangenheit auch im Präsentismus interessant sein, aber sie muss uns immer etwas über die Gegenwart sagen, um relevant zu sein. Dadurch ist die Vergangenheit eindeutig weniger wichtig. Anthony Levandowski, ein Silicon-Valley Ingenieur, der sich für Google, Uber etc. mit selbstfahrenden Autos beschäftigt, formuliert das sehr zugespitzt so: „I don't even know why we study history. It's entertaining, I guess – the dinosaurs and the Neanderthals and the Industrial Revolution, and stuff like that. But what already happened doesn't really matter. You don't need to know that history to build on what they made".[4]

2. **Der Präsentismus setzt sehr viel Gewicht auf Erinnerung und auf ‚Spuren'.** Damit im Präsentismus über die Vergangenheit gesprochen werden kann, obwohl sie eigentlich nicht mehr existiert, muss sie auf irgendeine Weise in der Gegenwart enthalten sein. Entweder durch einfache Erinnerung, wie wir oben bei Augustinus gehört haben: Solange sich jemand an etwas Vergangenes erinnert, ist es zwar nicht per se, aber zumindest in der Erinnerung, noch präsent. Diese Sichtweise findet sich auch manchmal in Ansichten über den Tod wieder: ‚Man ist erst tot, wenn sich keiner mehr an einen erinnert'. Alternativ kann die Vergangenheit auch in der Gegenwart enthalten sein, weil sie in ihr Spuren außerhalb des Gedächtnis hinterlassen hat: Durch die Indizien am Ort eines Autounfalls kann rekonstruiert werden, was passiert ist, auch wenn die Beteiligten sich – vielleicht durch das Trauma des Unfalls – an nichts erinnern können. Diese Spuren, innerhalb und außerhalb der Erinnerung, sind für den Präsentismus sehr wichtig, denn ohne sie würde ganz viel von unserer Alltagswelt keinen Sinn ergeben. Wir beschäftigen uns die ganze Zeit mit der Vergangenheit, auch im moralischen Sinne; vor Gericht, zum Beispiel, ist meist die zentrale Frage, ob eine Person das Verbrechen begangen hat oder nicht. Es ist offensichtlich keine valide Verteidigung, zu behaupten ‚das Verbrechen gibt es nicht mehr, da es in der Vergangenheit liegt, und daher gibt es nichts, für das ich verurteilt werden kann'.

---

[4] (Duhigg 2018, S. 31).

3. **Der Präsentismus geht – in der Regel – von länger gleichbleibenden Objekten aus.** Um vor Gericht zu bleiben: Wenn eine Tatwaffe präsentiert wird, und es eine gut belegte Beweiskette gibt – zum Beispiel ballistische Daten zu den Kugeln einer Pistole, oder Fingerabdrücke, oder Zeugenaussagen, dass die Waffe danach von einer Polizeibeamt:in in eine Tüte gelegt wurde – geht die Richter:in bei angemessener Beweislage davon aus, dass die jetzt auf dem Tisch liegende Waffe die gleiche ist, mit der die Tat verübt wurde. Obwohl es die Vergangenheit nicht mehr gibt, gibt es Objekte, die in der Vergangenheit präsent waren, immer noch. Das gleiche gilt, in bestimmten Grenzen, auch für die handelnden Personen. Ich kann mich, wie die Protagonistin in Faulkners „Requiem for a Nun", für mein Handeln in der Vergangenheit verantwortlich fühlen, weil ich es war, die oder der damals gehandelt hat. Dieses ‚Gleichbleiben' von Objekten wird komplizierter, wenn man genau hinsieht; vor allem, wenn sich Aspekte der Objekte verändern: Ist es noch die gleiche Pistole, wenn mehrere Teile inzwischen ersetzt wurden? Bin ich noch der gleiche wie damals, wenn ich seit der Tat viele Jahre neue Erfahrungen gemacht habe? Aber in den meisten Fällen erlaubt der gesunde Menschenverstand dem Präsentismus recht eindeutig, zu identifizieren, welche Objekte aus der Vergangenheit auch in der Gegenwart noch existieren.

Was sind die wichtigsten Argumente für den Präsentismus? Diese Betrachtung ist wichtig, um erstens das Argument nicht zu einseitig erscheinen zu lassen, und zweitens, weil ich den Anspruch habe, dass die in diesem Buch vertretene Position – die fortgesetzte Existenz der Vergangenheit – die meisten dieser Argumente auf sinnvolle, inhaltliche Art entkräften oder theoretisch integrieren kann. Ich konzentriere mich – passend zu der Methode dieses Buches – im Folgenden auf eher ganzheitliche, lebensweltliche Argumente und nicht auf sehr technische, logische Argumente.

I. **Wir haben einen besonderen Bezug zur Gegenwart.** Wir erleben die Gedanken und Gefühle und Wahrnehmungen, die wir gerade jetzt haben. Wir können uns zwar an die Vergangenheit erinnern, aber auch diese Erinnerungen erleben wir im Jetzt – und oft nicht genau so, wie wir sie in der Vergangenheit erlebt haben. Unsere Sprache bildet diese Tatsache auf einer ganz grundlegenden Ebene ab: Wir sagen „Ich bin", wenn wir uns auf Tatsachen beziehen, die in der Gegenwart zutreffen, und „Ich war", wenn es um die Vergangenheit geht.

Es ist sogar so, dass wir ein gleichbleibendes Wort haben, was immer den aktuellen Augenblick meint, auch wenn dieser jedes Mal ein anderer ist. Wir sagen: „Jetzt" oder „Momentan". Dass wir dieses Wort erfolgreich einsetzen können, scheint dafür zu sprechen, dass wir auf eine ganz selbstverständliche Art und Weise die Gegenwart identifizieren können – eben, weil sie für uns etwas ganz Besonderes ist. Das bedeutet nicht, dass diese Worte nicht auch irgendwie mysteriös sind. Unsere Kinder sagen manchmal mit einem triumphierenden Gesichtsausdruck, weil sie eine lustige Art gefunden haben, etwas komisches aber wahres zu sagen: ‚Jetzt ist jetzt schon vorbei'.

II. **Wir empfinden den Fortgang der Zeit als Verlust.** Der Gedanke daran, dass alles, was an unserem Leben gut ist, vergeht, macht uns unglücklich. Teilweise liegt das daran, dass sehr wertgeschätzte Dinge, wie zum Beispiel ein neues Kleidungsstück, sich mit der Zeit abnutzen werden; teilweise liegt es daran, dass besonders schöne Erlebnisse, wie zum Beispiel ein Urlaub, vorüber gehen werden und danach wieder weniger angenehme Erlebnisse im Alltag folgen werden; aber ganz besonders macht uns der Gedanke große Sorgen, dass wir selbst und von uns geliebte Menschen einmal sterben werden. „Time has ever been seen as the great devourer"[5], schreibt Nicholas Rescher.

Wenn die Vergangenheit einfach weiter existieren würde, wäre – auf den ersten Blick – der Fortgang der Zeit kein Verlust und unsere so tiefsitzenden Gefühle dazu wären fehlgeleitet.

III. **Wir sind froh, wenn schlimme Momente vorbei sind.** Dieses Argument ist die genauso wichtige Kehrseite des zweiten Punktes

---

[5] (Rescher 1996, S. 120).

eben. Sei es ein gefürchteter Zahnarztbesuch, eine stressige Zeit in der Arbeit oder noch deutlich schlimmere Erlebnisse: Wir sind froh, wenn es vorbei ist. „Thank Goodness that's over"[6] heißt ein berühmter Artikel des Philosophen A.N. Prior, der dieses Argument formuliert.

Wenn die Vergangenheit einfach weiter existieren würde, hätten wir – auf den ersten Blick – nicht viel, wofür wir dankbar sein sollten, weil ja nichts im vollen Sinne „vorbei" ist und der Zahnarztbesuch immer noch existiert.

IV. **Die Gegenwart scheint der Ort der Entscheidung zu sein, deswegen sollten wir uns auf sie konzentrieren.** Entscheidungen treffen wir in der Gegenwart. Vielleicht habe ich in der Vergangenheit etwas falsch gemacht, war zu streng zu meinen Kindern oder gemein zu einem Freund – daran kann ich *jetzt* nichts mehr ändern. Aber ich kann *jetzt* ‚mein Leben ändern', kann entscheiden, das Falsche nicht zu wiederholen. Genau darin liegt auch ein großes Stück der moralischen Verantwortung: Ich bin jedes Mal aufgefordert, auf mein Gewissen zu hören und richtig zu handeln, egal wie oft ich den gleichen Fehler in der Vergangenheit schon gemacht habe. Deswegen verurteilen Gerichte auch eine Person wegen jeder einzelnen Straftat und nicht einfach dafür, eine verbrecherische Person zu sein. In dieser Besonderheit der Gegenwart als Ort der Entscheidung liegt auch immer eine große Chance: Selbst Darth Vader konnte sich ganz am Ende für das Gute entscheiden, und den Imperator in einen Reaktor-Schacht werfen.

Wenn es die Vergangenheit noch gibt, besteht dann nicht die Gefahr, dass man Menschen nur anhand ihrer Vergangenheit sieht, und die besondere Möglichkeit zu wenig beachtet, dass sie sich später ändern? Das wäre vielleicht insbesondere dann fatal, wenn es dazu führt, das man sich ‚auf seinen Lorbeeren ausruht', oder im späteren Leben glaubt, dass viele Gute, was man getan hat, erlaubt

---

[6] (Prior 1959). Es ist interessant, dass Prior sich hier genau auf die oben im Text unter 1. beschriebene Beobachtung bezieht, dass er auch ohne das Datum zu kennen, sagen kann „Thank Goodness that's over" – einfach, weil es *jetzt* vorbei ist, und er intuitiv genau weiß, was das bedeutet.

einem jetzt auch einmal, selbstsüchtig zu handeln. Dass das nicht so ist, wird in der Serie „Westwing" von dem Character C. J. Cregg, wunderbar gespielt von Allison Janney, artikuliert. Der Vater der Figur leidet an Alzheimer, und die Partnerin des Vaters – eine Lehrerin in Rente – hat beschlossen, auszuziehen, anstatt sich mit den vielen Schwierigkeiten der Situation zu befassen. Im Gespräch kommentiert C. J. das so: „What you're doing right now invalidates everything that came before, all the good, the years of teaching. This cancels a good and valuable life".[7]

Ich vermute, dass – auf Basis dieser vier Intuitionen – in der allgemeinen Bevölkerung sehr viel mehr der Menschen intuitiv an den Präsentismus glauben als die 18 % unter den akademischen Philosoph:innen. Präsentismus ist in vieler Hinsicht einfach die Art, wie der gesunde Menschenverstand die Zeit sieht. Ich glaube aber trotzdem nicht, dass das Ziel dieses Buches – für die fortgesetzte Existenz der Vergangenheit zu argumentieren – eine Argumentation völlig gegen den Strich des gesunden Menschenverstands ist. Vielmehr gibt es in unserem vagen Denken auch viele Anhaltspunkte, die für eine Existenz der Vergangenheit sprechen, und die von der philosophischen Reflexion in den nächsten Kapiteln aufgedeckt werden können.

---

[7] (Graves, 2003). Zitiert nach: https://www.springfieldspringfield.co.uk/view_episode_scripts.php?tv-show=the-west-wing&episode=s04e13 (Abgerufen November 2024). Es ist ein wenig schade, dass ich hier aus der vierten Staffel von Westwing zitiere, wo ich doch die ersten drei Staffeln – die unter der Leitung von Aaron Sorkin entstanden sind – noch so viel mehr schätze. Dennoch ist mir diese Szene besonders in Erinnerung geblieben; vielleicht einfach, weil der Character C. J. – in der Verkörperung durch Allison Janney – so besonders gut ist.

3
Der Stand der Diskussion in der akademischen Philosophie und in der Physik

Die Frage nach der Existenz der Vergangenheit ist Teil der Metaphysik der Zeit und damit eines der Themen, die immer wieder in der Philosophiegeschichte eine zentrale Rolle gespielt haben. Auch aktuell wird diese Frage sehr intensiv diskutiert. Wenn nur 18 % der professionellen Philosoph:innen an den Präsentismus glauben, was glaubt der Rest? Und warum?

Ich habe nicht den Anspruch, hier diese Diskussion ihren technischen Aspekten angemessen nachzuzeichnen. Es geht mir im Folgenden nur darum, kurz aufzuzeigen, was ich für die wichtigsten Argumente halte. Dabei wird sich erstens zeigen, dass es auch gute philosophische Argumente gegen den Präsentismus gibt, aber dann zweitens zeigen, dass die Diskussion bisher nicht zu einem weitgehenden Konsens geführt hat. Deswegen, so wird die Schlussfolgerung dieses Kapitels sein, ist es gerechtfertigt, eine ganz neue Herangehensweise auszuprobieren.

Philosophische Argumente gegen den Präsentismus

Mindestens 57 % der professionellen Philosophen haben in der oben zitierten Umfrage in der einen oder anderen Form angegeben, dass sie an die Existenz der Vergangenheit glauben. Die wichtigsten rein philosophischen Gründe dafür, dass die Meinungen in der akademischen Philosophie deutlich weniger als die der allgemeinen Bevölkerung zum Präsentismus neigen, sind denke ich folgende beiden:[1]

a) **Der Präsentismus tut sich sehr schwer damit, die alltägliche, wahrheitsfähige Sprache über die Vergangenheit abzubilden.** Das Thema klang bereits kurz an, aber weil es ein zentrales Argument in der Debatte ist, will ich es noch einmal in etwas mehr Detail darstellen. Damit der Präsentismus nicht trivialerweise falsch ist, muss er eine Erklärung liefern, wie Aussagen über die Vergangenheit – z. B. ‚Caesar überquerte den Rubikon' oder ‚Gestern hat es geregnet' – sinnvoll und wahrheitsfähig sein können. Denn wir sind uns alle sicher, dass diese Aussagen sinnvoller und wahrheitsfähiger sind als andere Aussagen über nicht-existierende Dinge, wie ‚Einhörner haben eine durchschnittliche Lebenserwartung von 5 Jahren'. In der akademischen Darstellung des Präsentismus wird die Erklärung in verschiedenen Ansätzen über die Spuren der Vergangenheit in der Gegenwart geliefert. Es gibt zwar Caesar nicht mehr und den Regen nicht mehr, aber es gibt Aufzeichnungen von und über Caesar, es gibt sehr viele Erinnerungen von Menschen an den Regen gestern, man sieht an dem Grün der Wiese, dass sie gestern viel Wasser bekommen hat, etc. Auf den ersten Blick erscheint das sehr plausibel,

---

[1] Eine große Wirkungsgeschichte in der Philosophie hat auch das Argument zur Unwirklichkeit der Zeit von McTaggart (1908). Das Argument ist nicht einfach ein Argument gegen den Präsentismus, aber enthält Passagen, die einen Präsentismus als selbstwidersprüchlich erscheinen lassen. Nach meiner Einschätzung ist das Argument aber inzwischen weitgehend widerlegt, weil es durch die Annahme, dass Propositionen und ihre Wahrheitswerte unverändert sind, das eigene Ergebnis schon vorausnimmt. Genau das würde nämlich vermutlich ein Präsentist verneinen. Auch Simon Prosser, der gegen den Präsentismus argumentiert, gibt das zu: „…the arguments begs the question". (2016, S. 15 f.).

weil es genau die Art und Weise nachzeichnet, wie wir uns von der Wahrheit von Sätzen über die Vergangenheit überzeugen: ‚Es muss so gewesen sein, denn ich erinnere mich sehr detailliert daran' oder ‚Schau, es gibt eindeutige physische Spuren, was hier passiert ist'. Aber auf den zweiten Blick wird das philosophisch schwierig: Denn viele dieser Spuren verschwinden mit der Zeit und Erinnerungen werden schwächer oder verfälscht. Wenn die Wahrheitsfähigkeit von Sätzen über die Vergangenheit wirklich an diesen Spuren hängt, dann scheint es so, als müssten wir akzeptieren, dass auch die Wahrheitsfähigkeit von solchen Sätzen mit der Zeit verschwindet. Der große polnische Philosoph und Logiker Jan Łukasiewicz hat das geglaubt: „If a past fact has no effects, then not even an omniscient mind could infer it from the present events and it belongs to the sphere of possibility. One cannot say it has existed, but only that it was possible. And that is satisfactory".[2] Wir werden zu der Sicht von Jan Łukasiewicz weiter unten noch einmal zurückkehren, aber die große Mehrheit der akademischen Philosophen würde diese Konsequenz ablehnen. Denn es würde ja bedeuten, dass eine Aussage über die Vergangenheit, von der keine eindeutigen Spuren mehr existieren, nicht wahr oder falsch sein kann. Das widerspricht aber der klaren Intuition, dass es Wahrheiten über die Vergangenheit gibt, egal, ob wir noch Spuren finden können. Wenn ich mit einem Würfelbecher würfele, und dann, ohne den Becher anzuheben, den Würfel noch einmal bewege, war es trotzdem so, dass der Würfel eine Zahl oben anzeigte. Und damit ist die Aussage „Der Würfel zeigte eine Sechs" wahrheitsfähig. Entweder sie ist wahr, weil der Würfel unter dem Becher und bevor ich ihn wieder bewegt habe, eine Sechs gezeigt hat, oder er ist falsch, weil der Würfel eine andere Zahl gezeigt hat. Nur, weil das jetzt im Nachhinein nicht mehr erkennbar ist, zu behaupten, dass der Würfel gar keine Zahl angezeigt hat, erscheint widersinnig.
Um den Präsentismus vor dieser komischen Konsequenz zu bewahren, müssen die Spuren der Vergangenheit in der Gegenwart irgendwie permanentisiert werden.

---

[2] (Łukasiewicz 1946, S. 61).

Das kann entweder geschehen, indem man rein philosophisch argumentiert, und zum Beispiel behauptet, dass es in der Gegenwart Eigenschaften oder Sachverhalte gibt, die immer dazu geeignet sind, Aussagen über die Vergangenheit wahr zu machen, auch wenn sie nicht im erkennbaren Sinne als Spuren zu verstehen sind.[3] Diese Herangehensweise ist aber immer angreifbar, weil sie ein wenig ‚ad hoc' wirkt – warum führt man jetzt diese besonderen, nicht erkennbaren Eigenschaften oder Sachverhalte ein, nur um den Präsentismus zu retten?

Oder man verlässt sich auf eine bestimmte Eigenschaft der Physik, nämlich, dass ihre Dynamik auf einem basalen Niveau informationserhaltend ist – auch, wenn das nicht bedeutet, dass wir diese Informationen in der Regel erhalten können. Aktuell sieht es eher so aus, als wäre das so. Aber weil die Naturwissenschaft sich kontinuierlich weiterentwickelt, ist es alles andere als sicher, dass diese Eigenschaft auch für alle zukünftigen allgemein akzeptierten Formulierungen der physikalischen Gesetze gelten wird. Wenn der Präsentismus sich auf diese Eigenschaft der Physik verlässt, wäre seine Sinnhaftigkeit also an die Entwicklungen der Naturwissenschaft gebunden. Bei etwas so basalem wie der Frage der Metaphysik der Zeit erscheint diese Bindung fragwürdig: Würde nicht eine Vertreter:in des Präsentismus, falls die Naturwissenschaft zu einem anderen Ergebnis kommt, was die Informationserhaltung angeht, trotzdem am Präsentismus festhalten wollen, und dann mit anderen Argumenten?

Weil also alle Arten, wie der Präsentismus mit der Wahrheit von Sätzen über die Vergangenheit umgeht, entweder kontraintuitive Konsequenzen haben oder philosophische Komplexitäten erfordern, ist eine naheliegende Alternative, den Präsentismus einfach aufzugeben und die Existenz der Vergangenheit anzunehmen.

b) **Der Präsentismus legt viel Gewicht auf unsere Intuitionen, aber es erscheint schwer erklärbar, wie diese Intuitionen zustande kommen.** Es ist schwer vorstellbar, wie ein Detektor erkennen

---

[3] Für Beispiele von mehreren solchen Positionen siehe z. B. (Kierland 2013).

könnte, ob die Vergangenheit existiert oder nicht – weil der Detektor notwendigerweise zu einem bestimmten Zeitpunkt eine Messung macht und nicht zu mehreren Zeitpunkten. Das Vergehen von Zeit ist einfach nichts, was, so wie eine andere physikalische Größe, messbar wäre.[4]

Wenn man dazu dann noch annimmt, dass das menschliche Gehirn aber einen solchen Detektor enthalten müsste, damit wir auf Basis unserer Erfahrungen Aussagen über das Vergehen der Zeit, die Existenz der Vergangenheit etc. machen können, ergibt sich die Konsequenz: Unsere Erfahrungen können uns nichts Sinnvolles über die Metaphysik der Zeit sagen. Alle starken Argumente für den Präsentismus (siehe I. bis IV. in Kap. 2) beziehen sich aber auf unsere Erfahrungen, sind damit wertlos, und wir sollten uns nicht an ihnen orientieren. Um mit diesem Argument umzugehen, muss eine Vertreter:in des Präsentismus behaupten, dass der Mensch die Welt auf eine Art erkennt, die nicht einfach wie ein, wie auch immer als Teil des Gehirns konstruierter, physikalischer Detektor funktioniert. Einerseits ist es leicht, das zu behaupten: Denn es erscheint mindestens genauso schwierig, sich vorzustellen, wie ein Detektor beispielsweise erkennen könnte, ob ein mathematischer Beweis richtig ist, was in einer bestimmten Situation normativ das Richtige zu tun ist oder was die Bedingungen der Möglichkeit von Erkenntnis sind. Wenn man dem Argument von b) folgen würde, wären auch in allen diesen Fragen unsere Erfahrungen – also analog zu den Beispielen eben unsere affirmative Erfahrung beim mathematischen Schließen, unser Gewissen oder unsere philosophischen Reflexionen kein sinnvoller Zugang zur Welt. Das scheint ein hoher Preis, und damit ein Grund, b) nicht viel Kraft zuzuschreiben.

Andererseits impliziert die Ablehnung von b) sehr direkt eine Art der Welterkenntnis, die einer vollständigen Erklärung durch die physikalische Funktionsweise unseres Gehirns widerspricht. Und wenn

---

[4] Diese sehr grobe Erläuterung soll die Argumente von Simon Prosser, insbesondere das „Detector-Argument" und das „Multi-Detector-Argument" zusammenfassen. (Prosser 2016, Kapitel 2.4, 2.6 und 2.9).

der Präsentismus diese als Konsequenz hat, dann kann man das, insbesondere als naturwissenschaftlich denkender Mensch, vielleicht doch als guten Grund verstehen, den Präsentismus abzulehnen.

Impasse?

Die philosophische Diskussion ist also an einem gewissen Impasse angekommen: Es gibt klare, intuitive Gründe für den Präsentismus, der mit seiner Vorstellung von der Zeit einfach dem gesunden Menschenverstand am nächsten kommt. Gleichzeitig gibt es gute philosophische Argumente, den Präsentismus abzulehnen. Keines dieser Argumente ist aber, wie wir gesehen haben, unumgänglich. In der Literatur werden viele verschiedene technisch überzeugende Spielarten des Präsentismus vorgelegt, die mit bestimmten Formulierungen dieser Argumente gut umgehen können. Als Reaktion darauf werden aber dann die Argumente gegen den Präsentismus angepasst, nachgeschärft oder ergänzt, was wiederum neue Verteidigungsreaktionen hervorruft. Es ergibt sich eine sehr komplexe und gut durchdachte Landkarte von möglichen philosophischen Positionen, die sich jeweils dadurch unterscheiden, welche Intuitionen sie besonders wichtig finden und wie sie Argumente gewichten. Diese Landkarte ist sehr wertvoll und enthält sehr viel Erkenntnis; und ich bin sicher, dass die weitere technische Diskussion über das Thema die Landkarte weiter anreichern und verbessern wird. Eine klare Entscheidung der philosophischen Debatte scheint mir aber trotzdem nicht in Sicht.

Der philosophisch informierte Blick in die Physik

Wenn die Philosophie allein nicht weiterkommt mit der Frage nach der Existenz der Vergangenheit, kann man die Frage auch noch stärker in Richtung der Physik stellen: Was sagt unsere aktuell beste naturwissenschaftliche Theorie zu der Existenz der Vergangenheit? Das erste Problem ist dabei, dass sie im eigentlichen Sinne gar nichts dazu sagt. Denn die Physik beschäftigt sich streng genommen mit der Erklärung und der Vorhersage von Messungen – was die Zeit angeht, also mit Uhren. Wir müssen also die reine Naturwissenschaft verlassen und eine philosophisch interpretierte Naturwissenschaft befragen. Diese nun hat viel zur Frage der Existenz der Vergangenheit zu sagen, allerdings wenig Eindeutiges:

- **Für die Existenz der Vergangenheit spricht aus Sicht der Physik, dass der Präsentismus mit der Einstein'schen Relativitätstheorie im Widerspruch zu stehen scheint.** Die spezielle Relativitätstheorie besagt, dass es keine eindeutige Weise gibt, zu entscheiden, ob zwei Ereignisse gleichzeitig sind. Für eine Beobachter:in mag es so aussehen, aber für eine andere sieht es so aus, dass das eine Ereignis vor dem anderen stattfindet, und für eine dritte sieht es so aus, als ob das andere Ereignis vor dem ersten stattfindet. Der Unterschied zwischen den Beobachter:innen ist nur, dass sie sich mit verschiedenen Geschwindigkeiten in verschiedene Richtungen bewegen. Laut der speziellen Relativitätstheorie ist es aber nicht so, dass es die eine Beobachter:in gibt, die irgendwie privilegiert ist – in dem Sinne, dass sie die Wirklichkeit besser erkennt als die anderen. Wenn also der Präsentismus behauptet, nur das, was in der Gegenwart liegt, existiert, dann sagt die spezielle Relativitätstheorie ‚die Gegenwart aus wessen Sicht denn?'. Weil es je nach Beobachter:in verschiedene durch Gleichzeitigkeit definierte Gegenwarten gibt, würde das implizieren, dass es beobachter:innenabhängig wäre, was existiert. Und das ist eine Konsequenz, die kaum eine Philosoph:in mitgehen würde, die sich mit der Metaphysik der Zeit ernsthaft beschäftigt. Also muss der Präsentismus falsch sein.
Die spezielle Relativitätstheorie ist eine empirisch sehr, sehr erfolgreiche Theorie und es wäre meiner Einschätzung nach problematisch, wenn wir aus philosophischen Überlegungen eine Behauptung aufstellen würden, die ihr direkt widerspricht.
Das Argument ist aber insofern unvollständig, als es die Verschiedenheit der Methoden von Naturwissenschaft und Philosophie nicht vollständig berücksichtigt und stattdessen davon ausgeht, dass beide

unproblematisch über das gleiche sprechen. Es wäre aber denkbar, dass eine Vertreter:in des Präsentismus[5] antwortet: Es gibt für jeden eine eigene Gegenwart und damit auch eine eigene Existenz. Das ist das primäre, um das es in der These des Präsentismus geht – dass die spezielle Relativitätstheorie empirisch stimmt, und daher diese „je-für-sich-gerade-jetzt" Existenzen nicht im Sinne einer abstrakten, global eindeutigen Zeit geordnet und in eine globale Gleichzeitigkeit gebracht werden können, ist kein Problem für den Präsentismus; es ist sogar oft so, dass eine lokale Ordnung („Für mich kam erst A, dann B und jetzt ist C") existiert, aber es keine eindeutige globale Ordnung gibt, die zu allen lokalen Ordnungen perfekt passt.[6] Das bedeutet aber nicht, dass die lokale Ordnung mit ihrer je eindeutigen Gegenwart nicht ontologisch ernst zu nehmen sein kann.

Eine andere Art, wie der Präsentismus dieser Schlussfolgerung widersprechen kann, ist, indem er annimmt, dass es eine globale Gleichzeitigkeit gibt, die aber in der aktuellen Physik prinzipiell unerkennbar ist – auch das wäre in der richtigen Darstellung mit der aktuellen Physik vereinbar.

Diese beiden Arten zu antworten sind zwar im Grunde berechtigt, aber haben nach meinem Gefühl den Beigeschmack einer komplizierten, defensiven Antwort auf ein sehr einfaches empirisches Ergebnis. Daher erscheint es mir berechtigt, die spezielle Relativitätstheorie als Punkt für die Existenz der Vergangenheit zu werten. Die Physikerin und Betreiberin des sehr erfolgreichen Youtube-Kanals „Science without the gobbledygook", Sabine Hossenfelder, hat diese Konsequenz der Physik für die Existenz der Vergangenheit jüngst sehr klar und sogar mit einer gewissen lebensweltlichen Sichtweise auf den Punkt gebracht: „This perplexing consequence of special relativity has been dubbed the block universe by physicists. […] all our

---

[5] Als Beispiel für eine detailliertere Darstellung ähnlicher Argumente, siehe (Lowe 2013).
[6] Vielleicht könnte man dieses Argument auf Basis von Arrow's Theorem (zur Unmöglichkeit der Herstellung einer guten globalen Ordnung der Präferenzen auf Basis der einzelnen Ordnungen der Präferenzen von Einzelpersonen) formalisieren – aber die Themenbereiche sind so anders, dass eine eindeutige Anwendbarkeit nicht offensichtlich gegeben ist.

past selves – and grandparents – are alive the same way our present selves are. They are all there, in our four-dimensional space-time".[7]

- **Gegen die Existenz der Vergangenheit spricht aus Sicht der Physik, dass alle physikalischen Dynamiken die Markov-Eigenschaft zu haben scheinen.** Die Markov-Eigenschaft, benannt nach dem vor ca. 100 Jahren gestorbenen russischen Mathematiker Andrey Markov, meint hier, dass zur Vorhersage der Zukunft nur der aktuelle Zustand eines Systems nötig ist und keine vergangenen Zustände.
Die Idee, dass die Physik so funktioniert, gibt es schon in der berühmten Formulierung von Laplaces Dämon: „Wir müssen also den gegenwärtigen Zustand des Weltalls als die Wirkung seines früheren Zustandes und andererseits als die Ursache dessen, der folgen wird, betrachten. Eine Intelligenz, welche für einen gegebenen Augenblick alle Kräfte, von denen die Natur belebt ist, sowie die gegenseitige Lage der Wesen, die sie zusammen setzen, kennen würde […] würde in derselben Formel die Bewegungen der größten Weltkörper wie die des leichtesten Atoms ausdrücken: nichts würde für sie ungewiss sein und Zukunft wie Vergangenheit ihr offen vor Augen liegen".[8]
Auch heute noch ist es so, dass alle sehr erfolgreich funktionierenden physikalischen Gesetze sich so verhalten – das liegt einfach daran, dass die Naturgesetze alle in Form von Differentialgleichungen formuliert sind, und für ein System nur einige wenige Anfangswerte bestimmt werden müssen, um die Differenzialgleichungen und damit die Dynamik des Systems eindeutig festzulegen. Diese wenigen Anfangswerte können eigentlich immer[9] so verstanden werden, dass sie

---

[7] (Hossenfelder 2022, S. 10).
[8] (LaPlace 1886, S. 4).
[9] Nicht ganz so einfach ist das mit der allgemeinen Relativitätstheorie, weil die Differenzialgleichungen dort so komplex sind – man macht es daher dort immer so, dass man mit Vereinfachungen und ganz verschiedenen angenommenen Rahmenbedingungen Lösungen sucht; und diese Rahmenbedingungen können in der Regel nicht als „komplette Beschreibung zum Zeitpunkt X" verstanden werden. Es gibt aber auch in der allgemeinen Relativitätstheorie verschiedene Versuche, eine „Initial Value Formulation" zu versuchen, um die Dynamik ausgehend von Anfangswerten zu verstehen. Was genau der aktuelle Status zu diesem Thema in der mathematischen und numerischen Physik ist, kann ich nicht beurteilen. Aber in der Literatur wird das Problem als in einer Weise lösbar beschrieben, die weiter zu einer Markov-Eigenschaft passt: "In General

Werten von bestimmten Größen zum gleichen Zeitpunkt entsprechen. Diese Aussage stimmt sowohl für deterministische Systeme wie die klassische Mechanik, in denen die Gegenwart die Zukunft eindeutig festlegt, wie auch für probabilistische Systeme, wie die Quantenmechanik, in denen die Gegenwart nur die Wahrscheinlichkeiten für das Eintreten verschiedener möglicher Ereignisse in der Zukunft vorhersagt. Der letztere Fall ist kein Problem für die Markov-Eigenschaft, weil die Quantenmechanik gleichzeitig die Aussage enthält, dass mehr Vorhersage über die Zukunft nicht möglich ist. – d. h. auch hier trägt die entfernte Vergangenheit nicht zu der Festlegung der physikalischen Dynamik bei.

Warum hat die Markov-Eigenschaft der Physik etwas mit der Existenz der Vergangenheit zu tun? Es ist doch trotzdem denkbar, dass die Vergangenheit existiert, auch, wenn man sie nicht zur Vorhersage der Zukunft benötigt. Das stimmt zwar, aber es widerspricht dem vernünftigen Ansatz, dass von zwei Beschreibungen der Wirklichkeit mit dem gleichen Erklärungsgehalt diejenige vorzuziehen ist, die mit weniger auskommt – dieses Prinzip wird auch oft, in Bezug auf William von Ockham, einem Theologen und Philosophen aus dem 14. Jahrhundert, als ‚Ockhams Rasiermesser' bezeichnet. Wenn also die Physik nur die Gegenwart benötigt, um die Zukunft vorherzusagen, und wir uns an Ockhams Rasiermesser halten wollen, dann ist das ein klarer Hinweis aus der Physik, dass die Vergangenheit nicht existiert. Man kann das auch so sehen: Die physikalische Dynamik besagt, dass nur die Gegenwart Auswirkungen auf die Zukunft hat, und trotzdem die Existenz einer dann wirkungslosen Vergangenheit anzunehmen, erscheint irgendwie frivol.

Relativity, we can claim that both principles [sie meinen hier die Markov-Eigenschaft, einmal in ihrer deterministischen und einmal in ihrer probabilistischen Formulierung] are true with respect to every global foliation of spacetime into "Cauchy surfaces", where "times" are meant to refer to Cauchy surfaces. There is a worry here that there are some solutions to the equations of General Relativity that do not admit of any global foliation of spacetime into Cauchy surfaces. However, such solutions are widely regarded to be physically unrealistic. So long as we restrict our attention to so-called "globally hyperbolic" spacetimes, such a global foliation is always possible" (Bulies und Impagnatiello 2024, S. 4).

Rückblickend auf diese beiden Aspekte aus der Physik müssen wir zugeben, dass das bei der Frage, ob die Vergangenheit existiert, auch nicht wirklich weiterhilft. Der erste Aspekt spricht klar dafür, und der zweite Aspekt spricht klar dagegen. Rein auf Basis der Physik ist die Frage wohl nicht eindeutig zu entscheiden – auch, weil sie keine in klaren wissenschaftlichen Begriffen formulierte Frage ist.

Man kann auf diese Einsicht reagieren, indem man sagt: ‚Dann lohnt es sich nicht, sich darüber Gedanken zu machen'. Vielleicht gibt es Fragen, auf die es keine sinnvolle Antwort gibt; und vielleicht sind solche Fragen, die nicht durch Experimente zugänglich scheinen, genau dafür gute Kandidaten. Ein Grund, das zu glauben, könnte der folgende sein: Wenn eine Antwort auf die Frage ‚existiert die Vergangenheit noch oder nicht?' nicht durch Experimente zugänglich ist, dann bringt eine Antwort auch keinen empirisch konkreten Nutzen, etwa durch technologischen oder medizinischen Fortschritt.

Dieses ‚Abtun' von allen nicht experimentell zugänglichen Fragen erscheint mir aber deutlich zu kurz gegriffen. Dass ein philosophisches Nachdenken auch über Fragen, die per Definition empirisch unzugänglich sind, trotzdem sinnvoll ist, vertritt auch David Chalmers, wenn er über die Frage spricht, ob wir in einer perfekten Simulation leben oder nicht: „if we can't get evidence for or against the perfect simulation hypothesis, this means at most that it isn't a scientific hypothesis – one that we can test using the methods of science. But as a philosophical hypothesis about the nature of the world, it makes perfect sense".[10]

Wie geht es weiter?

Wenn man eine Frage also nicht einfach abtun will, weil sie weder durch bisherige philosophische Diskussion noch durch Experimente lösbar erscheint, muss man den Methodenkasten erweitern. Das ist im Grunde nicht ungewöhnlich: Bei Nachdenken über Mathematik wendet man, statt empirischer Forschung und statt philosophischer

---

[10] (Chalmers 2022, S. 86).

Diskussion, das ganz strenge, logische und formalisierte Nachdenken als Methode an. Wenn man über Moral nachdenkt, hört man auf die Stimme des Gewissens und versucht, die sich ergebenen Intuitionen in vielen verschiedenen Situationen zu testen und möglichst systematisch in Regeln oder Prinzipien zu strukturieren.

Mein Anliegen in diesem Buch ist es, die Diskussion über die Metaphysik der Zeit um eine ganz andere Klasse von Argumenten anzureichern, von denen ich glaube, dass sie sehr deutlich für die Existenz der Vergangenheit sprechen. Diese Argumente werde ich als „lebensweltliche Argumente" bezeichnen. Der Anspruch ist nicht, dass diese lebensweltlichen Argumente den gerade beschriebenen, mit anderen Methoden erhaltenen, Argumenten überlegen sind. Der Anspruch ist nur, dass sie – in der Frage nach der Existenz der Vergangenheit – den logischen, begrifflichen oder indirekt empirischen Argumenten auch nicht unterlegen sind. Es soll daher im nächsten Kapitel darum gehen, zu erklären, was „lebensweltliche" Argumente sind, und zu argumentieren, dass sie, mindestens in diesem Fall, sehr relevant sind.

Bevor wir uns aber dem nächsten Kapitel zuwenden, will ich noch einmal – mit Blick auf eben diese Lebenswelt und weniger auf die akademische Diskussion – fragen: Warum ist das Thema eigentlich interessant? Warum sollte man sich mit einer so komischen Frage beschäftigen, wie ob die Vergangenheit in irgendeinem abgehobenen philosophischen Sinne noch existiert oder nicht? Was für eine Bedeutung hat das für mein Leben?

4
Erster Einschub: Warum die Existenz der Vergangenheit für unser Lebensgefühl einen Unterschied machen kann

Stellen Sie sich folgendes Science-Fiction-Szenario vor: Ein großes, interstellares Raumschiff hatte an der schnellsten Stelle im Flug eine große technische Störung. Jetzt fliegt es mit 20 % Lichtgeschwindigkeit – die schnellste Geschwindigkeit, die ein bemanntes Raumschiff je erreicht hat – geradeaus. Die Antriebssegel sind unwiederbringlich zerstört, es gibt keine Möglichkeiten zur nennenswerten Richtungsänderung. Der Kurs lässt sich sehr präzise berechnen, und es ist völlig klar, dass in den nächsten 10.000 Jahren kein Kontakt mit irgendetwas passieren wird; kein Sonnensystem, kein Komet. Nur Nichts. Und nach diesen 10.000 Jahren, auch da sind sich alle sicher, wird das Raumschiff in ein schwarzes Loch fallen und spurlos zerstört werden.

Das Kommunikationssystem ist völlig zerstört, es gibt keine Möglichkeit Signale zu senden. Und alle an Bord sind sich völlig sicher, dass auch unbemannte Kapseln mit aufgezeichneten Erinnerungen, die man ins All schießen würde – wie in der Star Trek: Next Generation Folge „The Inner Light"[1] – durch die hohe Geschwindigkeit und die äußeren

---

[1] Siehe auch: https://en.wikipedia.org/wiki/The_Inner_Light_(Star_Trek:_The_Next_Generation).

Umstände nie jemand anderen erreichen werden, sondern auch am Ende im schwarzen Loch ausgelöscht werden würden.

An Bord sind einige hundert Menschen, viele davon Familien. Das Raumschiff war ausgerüstet für eine mehrere Generationen lange Reise, deswegen gehen die Menschen an Bord davon aus, dass sie noch ca. 400 Jahre lang unproblematisch leben können; 600 Jahre, wenn sie jetzt anfangen, alles streng zu rationieren; 1.000 Jahre, wenn sie – durch weniger Geburten – die Besatzungsstärke auf ein Minimum reduzieren, das aber nötig ist, um die Pflanzenfarmen und die technischen Systeme zu bedienen.

Die Besatzung sieht sich also einer etwas komischen Situation ausgesetzt: Einerseits besteht keinerlei Zweifel, dass alles, wofür sie arbeiten, vergehen wird, weil alle Menschen an Bord in spätestens 1.000 Jahren ausgestorben sein werden – und das Raumschiff ab dann menschenleer durch das Nichts fliegen wird, bis es im schwarzen Loch verschwindet. Andererseits ändert sich für ihr tägliches Leben erstmal nichts – sie waren sowieso davon ausgegangen, dass sie nach einem langen Leben hier an Bord sterben werden. Und danach sieht es ja weiterhin aus.

Nach einer Weile – nachdem die Berechnungen gemacht wurden und alle Maßnahmen, noch etwas an dieser Situation zu verändern, einstimmig als sinnlos bewertet wurden – entsteht eine Diskussion:

Sollen alle Personen an Bord sich sterilisieren lassen, weil ja schon klar ist, dass alles umsonst ist und in einigen hundert Jahren kein Leben mehr an Bord existieren wird? Wenn sowieso alles umsonst ist, warum dann der Sache nicht früher ein Ende setzen?

Oder soll die Besatzung so lange wie möglich weiterleben? Weil die zukünftigen Leben an Bord ja trotzdem einen Wert haben, auch wenn klar ist, dass sich die Kette der Generationen nicht endlos fortsetzen wird.

Wie würden Sie, liebe Leser:in, sich entscheiden?

Man kann die Situation so sehen, dass sie viel mit der Frage dieses Buches zu tun hat, ob es die Vergangenheit noch gibt oder nicht.

Wenn die Vergangenheit nicht mehr existiert, dann spricht das in gewissem Sinne dafür, dass sich alle jetzt sterilisieren lassen – weil das Ergebnis mit oder ohne Sterilisierung das gleiche wäre, nämlich ‚es gibt kein Leben und keine damit verbundenen Werte mehr an Bord des Raumschiffs', und man das unvermeidliche Leid am Ende, wenn die letzte Generation dann langsam verhungert, vielleicht verringern könnte.

Wenn aber die Vergangenheit weiter existiert, dann sollte sich die Besatzung nicht sterilisieren lassen, weil dann das Ergebnis mit und ohne Sterilisierung sehr verschieden wäre: Mit Sterilisierung gäbe es in der Vergangenheit nur eine Generation von Menschen, mit all ihren wertvollen Persönlichkeiten, Gefühlen, Gedanken, Geschichten und Beziehungen. Ohne Sterilisierung gäbe es, auch nach dem unvermeidlichen Ende der Menschheit auf dem Raumschiff, in der Vergangenheit noch einige Generationen mehr, die alle diese Werte in sich tragen. Und die meisten dieser Generationen – wahrscheinlich alle bis auf die letzte – könnten ein ganz normales und nicht besonders leiderfülltes Leben führen.

Für die Besatzung auf dem Raumschiff ist also die auf den ersten Blick sehr theoretisch scheinende Frage nach der Existenz der Vergangenheit plötzlich existenziell wichtig und handlungsrelevant.

5
Die Rolle von Werten und Gefühlen bei der Diskussion

Wir hatten in Kap. 3 gesehen, dass die akademische philosophische Debatte dazu, ob es die Vergangenheit noch gibt oder nicht, bisher kein Ergebnis hatte. Und wir haben in dem Einschub eben ein Beispiel gesehen, in dem diese Frage auch sehr wichtige lebensweltliche Auswirkungen hat. In diesem Kapitel soll es darum gehen, was diese beiden Dinge miteinander zu tun haben.

Philosoph:innen als Anwält:innen?

Den Ausgangspunkt bildet mein Eindruck, dass die akademische Debatte oft eher in einer Art „anwaltlicher" Manier geführt wird. Man steht auf einem der beiden Standpunkte und versucht dann, tief in die technischen Details der Debatte eingeweiht, neue Argumente zu finden, den eigenen Standpunkt zu verteidigen. Das kann geschehen, indem man neue Argumente für die eigene Position entwickelt, indem man Argumente von Gegnern versucht zu entkräften, oder indem man den eigenen Standpunkt in neuer, möglichst überzeugender Weise umformuliert. All dies sind auch Taktiken, die eine Anwält:in vor Gericht wählen würde. Eine Anwält:in ist aber von Anfang an parteiisch, es ist klar, dass sie aus externen Gründen – eben wegen ihres Auftrags durch eine Mandant:in – nur in die eine Richtung argumentiert.

Im Folgenden will ich kurz ein deutliches Beispiel zeigen, dass in der akademischen Diskussion zu unserer Frage auch manchmal eher ‚anwaltlich' agiert wird. Der Autor beschreibt in dem folgenden Auszug aus der Einleitung seinen Beitrag so, als würde es eher um taktische Ratschläge für Personen geben, die den Präsentismus ‚attraktiv' finden, und nicht darum, dass wir gemeinsam offen überlegen, wofür es die besten Argumente gibt: „According to Tallant, however, Fine's theory fails to allow us to have the best of both worlds, and *he suggests that those attracted to presentism should instead look to* a better formulation of a "traditional" version of presentism." (meine Hervorhebung).[1]

Auch bei Logi Gunnarsson findet sich die Diagnose, dass zumindest teilweise die Diskussion eher ‚anwaltlich' geführt wird – in einer Passage, in der er die Sichtweise von William James zusammenfasst: „Die Vorgehensweise der Philosophen ist aber, wie James betont, grundlegend verlogen. Sie tun, als ob die Debatte mit rein unpersönlichen Gründen entschieden werden kann, um sie ewig weiterführen zu können. Dabei hat jeder Philosoph sich aus ganz anderen Gründen für die jeweilige Position entschieden".[2]

Wenn das stimmt, sollte man sich fragen, warum das so ist. Logi Gunnarsson hat eine klare Antwort: Die Entscheidung, welche philosophische Position man vertritt, fällt auch aus emotionalen Gründen. Man ist als ganzer Mensch – mit seinen Werten, Hoffnungen oder Sorgen, genauso wie mit seinen Gedanken, seiner Logik oder seinen neutralen Beobachtungen – aktiv, wenn man sich die Frage stellt, welche philosophische Position man vertritt: „Das Vermögen, mittels dessen wir die [philosophischen] Fragen stellen, ist kein rein theoretisches Vermögen. Die Fragen entstehen für den ganzen Menschen und nur so können sie auch gelöst werden. Mit anderen Worten: Philosophische

---

[1] (Ciuni et al. 2013, S. xi).
[2] (Gunnarsson 2020, S. 21).

Fragen können nur auf der Grundlage von Emotionen oder Empfindungen beantwortet werden."³

Bereits Nietzsche hat diesen Punkt, und das damit verbundene Problem, klar formuliert: „Sie [die Philosophen] stellen sich sämmtlich, als ob sie ihre eigentlichen Meinungen durch die Selbstentwicklung einer kalten, reinen, göttlich unbekümmerten Dialektik entdeckt und erreicht hätten [...] während im Grunde ein vorweggenommener Satz, ein Einfall, eine „Eingebung", zumeist ein abstrakt gemachter und durchgesiebter Herzenswunsch von ihnen mit hinterher gesuchten Gründen vertheidigt wird: – sie sind allesammt Advokaten, welche es nicht heissen wollen".⁴

Sicher ist es nicht so hart, wie Nietzsche es darstellt. Nicht alle philosophischen Fragen sind so, und nicht alle philosophischen Argumente sind so klar von einer heimlichen, hintergründigen Parteilichkeit geprägt. Aber gerade in der Frage nach der fortgesetzten Existenz der Vergangenheit scheint es mir, dass dieser Aspekt auch nicht ganz von der Hand zu weisen ist. Er ist auch, vermute ich, einer der Gründe, warum die Debatte nicht zu Ende kommt: Weil ein Teil der eigentlichen Gründe für die verschiedenen Überzeugungen – nämlich die emotionalen, die lebensweltlichen – nicht mitdebattiert werden, entstehen Missverständnisse und es sinken die Chancen, dass man auf einen gemeinsamen Nenner kommt.

Eine inklusivere Methode

Wie sollen wir mit diesem Ergebnis umgehen? Bedeutet die Beobachtung, dass immer wieder auch emotionale Aspekte eine wichtige Rolle spielen, einfach, dass die Philosoph:innen, die sich mit dem Thema beschäftigen, sich noch deutlich besser ‚zusammenreißen' müssen, damit ihre Gefühle und Werte und Hoffnungen keinen Einfluss auf ihre

---

³ (Gunnarsson 2020, S. 37).
⁴ (Nietzsche 1886, Erstes Hauptstück, 5., S. 11).

Analysen haben? Ich glaube nicht, dass das erfolgversprechend und sinnvoll wäre, und werde im Folgenden eine ganz andere methodische Herangehensweise vertreten. Skizziert ist diese Methode auch schon bei Nietzsche: „*je mehr* Affekte wir über eine Sache zu Worte kommen lassen, *je mehr* Augen, verschiedne Augen wir uns für dieselbe Sache einzusetzen wissen, um so vollständiger wird unser „Begriff" dieser Sache, unsre „Objektivität" sein. Den Willen aber überhaupt eliminiren, die Affekte sammt und sonders aushängen, gesetzt, dass wir dies vermöchten: wie? hiesse das nicht den Intellekt *castriren?*".[5] Er fordert also, dass wir die emotionalen Aspekte – anstatt sie auszuschließen – in die philosophische Diskussion einbringen; aber so, dass wir sie bewusst unter Kontrolle haben, dass wir sie quasi ans Tageslicht befördern und von ihnen profitieren, weil „man sich gerade die Verschiedenheit der Perspektiven und der Affekt-Interpretationen für die Erkenntniss nutzbar zu machen weiss".[6]

Auch die amerikanische Wissenschaftshistorikerin Naomi Oreskes bezieht in ihrem Buch „Why Trust Science?" klar Stellung gegen die Forderung einer ‚werteneutralen' Herangehensweise. Sie bleibt zwar, anders als Nietzsche und auch anders als die Herangehensweise in diesem Buch, eher neutral bezüglich der Frage, ob Werte wirklich einen eigenen, positiven Beitrag zur Wissensgewinnung leisten können, aber sie macht zwei Dinge ganz klar: Erstens, dass faktisch weder die Wissenschaft noch die einzelnen Wissenschaftler:innen werteneutral arbeiten; und zweitens, dass das Ausblenden von Werten und Gefühlen aus der wissenschaftlichen Debatte die Kommunikation unter Wissenschaftler:innen und zwischen ihnen und einer breiteren Öffentlichkeit substantiell erschwert. Und nachdem die erfolgreiche Kommunikation eine Gelingensbedingung jedes Versuchs der Wissensgewinnung ist, kommt sie zu einem ähnlichen Schluss wie Nietzsche: „In suppressing their values and insisting in the value-neutrality of science, scientists have gone down a wrong road".[7]

---

[5] (Nietzsche 1887, Dritte Abhandlung, 12., S. 362).
[6] Ibid.
[7] (Oreskes 2015, S. 155).

Im Folgenden bezeichne ich die an diesen Ausgangspunkten orientierte Methode als die Verwendung von ‚lebensweltlichen' Argumenten. Nun soll es noch einmal genauer darum gehen, was diese Methode bedeutet; und auch, was sie nicht bedeutet.

Was sind „lebensweltliche" Argumente?

Lebensweltliche Argumente sind solche, die sagen:

1. ‚Die Inhalte von X zu glauben, fühlt sich gut an, das spricht dafür, dass X stimmt'
2. ‚Wenn ich die Inhalte von X glaube, vereinfacht das mein ganzes Denken und hilft mir, mein Leben klarer zu sehen – das spricht für X'
3. ‚Wenn ich die Inhalte von X formuliere, verstehen andere mich gut und wir können interessante Gespräche führen – also muss was dran sein an X'
4. ‚Wenn ich die Inhalte von X glaube, führt das zu vielen neuen spannenden Ideen – das ist ein Argument, dass X stimmt'
5. ‚Die Inhalte von X sind wirklich interessant, das spricht für X'

Diese Art zu argumentieren[8] geht in der Philosophiegeschichte auf den Amerikanischen Pragmatismus und insbesondere auf den Philosophen William James zurück.[9]

Ich verstehe im Folgenden lebensweltliche Argumente als genau das – als *Argumente*. Genauso wie andere Argumente sind sie Gründe, warum

---

[8] Zu der wichtigen philosophischen Frage, ob diese Art zu argumentieren grundsätzlich den Wahrheitsbegriff ändert, oder ob sie nur eine weitere Art der epistemischen Evidenz ergänzt, die uns hilft zu beurteilen, ob etwas wahr sein könnte, kann und will ich hier keine detaillierte Diskussion einfügen. Letzteres ist deutlich unstrittiger und reicht für alle in diesem Buch vorgebrachten Überlegungen völlig aus, daher können wir die Evidenz-Sicht auf lebensweltliche Argumente im Folgenden voraussetzen und bei dem üblichen Wahrheitsbegriff bleiben.
[9] Ich habe in (Andrae 2019) etwas mehr zu dem Pragmatismus von William James gesagt. Dort finden sich auch Quellen aus dem Werk von William James, die zu den hier aufgezählten fünf Aspekten von pragmatischen Argumenten passen.

ich etwas für wahr halten sollte. Und genauso wie andere Argumente sind sie nicht erschöpfend, d. h. sie können den Grad meiner Überzeugung ein Stück weit in eine Richtung bewegen, aber nicht so absolut, dass nicht andere Argumente den Grad meiner Überzeugung auch wieder in eine andere Richtung bewegen könnten. Genauso wie empirische Messdaten gute Argumente für oder gegen eine Theorie sein können, sind diese lebensweltlichen Gefühle Daten, die als Teil der Gesamtevidenz zu verstehen sind.

Auf den ersten Blick erscheint es in vielen Fällen dennoch absurd, lebensweltliche Argumente zuzulassen: Jeder, der einmal einen schlimmen Unfall oder eine schlimme medizinische Diagnose erlebt hat, weiß, dass es nichts hilft, zu denken: ‚Das kann nicht wahr sein, weil es zu schlimm ist'. Es ist, in der Regel, trotzdem wahr. Die Wirklichkeit nimmt oft keine Rücksicht auf unsere Werte und Gefühle. Und die Tatsache, dass in der Serie ‚X-Files' bei Mulder, dem FBI-Agenten, der an die Existenz von Außerirdischen glaubt, ein Poster im Büro hängt, auf dem steht ‚I want to believe', sollte die Skepsis seinen Aussagen gegenüber eher erhöhen, weil der Eindruck einsteht, der ‚Wunsch könnte der Vater des Gedankens sein' – wie Shakespeare es ausdrückt.

Wenn ich bei meiner Ärztin bin, will ich, dass sie mir auf Basis meiner Symptome und auf Basis von Diagnostik eine möglichst präzise Einschätzung davon gibt, was das medizinische Problem ist – ich will ganz explizit nicht, dass es für ihr Urteil eine Rolle spielt, wie ich mich mit der Diagnose fühlen werde. Es ist sogar so, dass in den USA unter anderem aus diesem Grund davon abgeraten wird, dass Ärzte Familienmitglieder behandeln: "Professional objectivity may be compromised when an immediate family member of the physician is the patient; the physician's personal feelings may unduly influence his or her professional medical judgment, thereby interfering with the care being delivered".[10]

Und wenn eine Brücke gebaut wird, dann will ich, dass die Person, die die Statik plant, sich nicht davon beeinflussen lässt, dass ganz un-

---

[10] Siehe: https://journalofethics.ama-assn.org/article/ama-code-medical-ethics-opinion-physicians-treating-family-members/2012-05. (Abgerufen November 2024).

konventionelle Arten zu planen sich gut anfühlen, weil sie interessant und spannend sind – sondern ich will, dass die Planung auf eine Art und Weise erfolgt, die sehr gut durch Erfahrung belegt ist, damit ich sicher sein kann, dass die geplante Stabilität auch in Wirklichkeit erreicht wird, und die Brücke nicht einstürzt.

Es gibt drei Arten, mit diesen offensichtlichen Gegenbeispielen gegen eine lebensweltliche Argumentationsweise umzugehen, die alle drei teilweise zutreffen und zusammen ein stimmiges Bild ergeben:

1. **"Lebensweltlich" darf nicht so primitiv verstanden werden:** Ich habe oben bewusst oben so viele Formulierungen für lebensweltliche Argumente gewählt – um nicht zu eng verstanden zu werden. Denn es soll nicht einfach nur darum gehen, dass ein wohliges Gefühl, das eine Denkweise bei mir auslöst, alleine als wichtiges Argument für die Wahrheit dieser Denkweise zählt, sondern um etwas sehr viel Anspruchsvolleres: Eine Denkweise ist besonders gewichtig als lebensweltliches Argument, wenn sie emotional, strukturell und kommunikativ gut in mein gesamtes geistiges Leben passt (1., 2. und 3.), und wenn sie eine konstruktive und anziehende Wirkung auf mein geistiges Leben hat (4. und 5.).

    Insbesondere die Formulierung bei 1. ist bewusst so gewählt, dass es darum geht, dass die Inhalte selbst sich gut anfühlen müssen, und nicht nur die Tatsache, dass ich eine Überzeugung habe. Es mag sich zum Beispiel gut anfühlen, wenn ich eine Theorie ‚gegen den Mainstream' vertrete, weil ich mich dann als frei und unabhängig empfinde – aber das würde ich nicht im Sinne von 1. als lebensweltliches Argument zählen, weil dieses Gefühl noch nichts mit den Inhalten der jeweiligen Theorie zu tun hat.

    Wenn man es so sieht, kann man bei allen vier Gegenbeispielen auch Raum für lebensweltliche Argumentationen finden, die nicht offensichtlich fehlgeleitet sind:

    – Ein schlimmer Unfall ist zwar passiert, egal, wie sich das für mich anfühlt – aber was die wirkliche Natur des Unfalls genau war (‚War es einfach Pech und ich muss keine besondere Angst haben, dass mir das nochmal passiert? War jemand schuld, und ich muss

damit umgehen? Ist es ein Hinweis, dass ich mein Leben ändern muss?'), ist eine wichtige und wahrheitsfähige Frage, die den schlimmen Unfall betrifft, bei der mir lebensweltliche Argumente gut weiterhelfen können.
- Obwohl Mulder gerne an die Existenz von Außerirdischen glauben würde, sucht er weiter nach Beweisen. Die Serie ‚X-Files' gibt ihm auch genug Material, um immer wieder den berechtigten Eindruck zu vermitteln, dass der Glaube an die Existenz von Außerirdischen ihm hilft, seine Erfahrungen zu vereinheitlichen und über seine Überzeugung anhand dieser Hinweise mit Scully zu sprechen. In unserer Wirklichkeit, wo es diese Hinweise nicht immer wieder gibt, würde eine Suche nach den Beweisen für die Existenz von Außerirdischen vermutlich dazu führen, dass eine Theorie nach der anderen sich nicht im Leben bewährt, und Mulder würde von seinem Wunsch, an die Existenz von Außerirdischen zu glauben, immer mehr in die Isolation und die Frustration getrieben, weil niemand ihm zuhören würde – und könnte damit kaum noch lebensweltliche Argumente für seine Überzeugung anführen.
- Ärzt:innen behandeln – meiner Erfahrung nach – auch oft mit Blick auf die Gesamtsituation und entscheiden, dass es ‚gut' ist, etwas zu diagnostizieren, etwas zu verschreiben, etc., auch wenn nicht immer empirisch endgültig überzeugend abgesichert ist, ob das wirklich viel hilft. Einfach weil sie wissen, dass es für die psychische Situation der Patient:innen, für die Kommunikation zwischen Ärzt:innen und Patient:innen und auch für das eigene Berufsethos besser ist, gemeinsam etwas gegen die Erkrankung zu tun, als nichts zu tun. Solange es laut der reinen Datenlage sicher ist, dass so etwas nicht schadet, kann es also sein, dass lebensweltliche Argumente für die wahrheitsfähige Frage, welche Behandlungsmethode die richtige ist, eine Rolle spielen.
- Eine Person, die eine Brücke baut, muss vielleicht auch einmal neue, spannende Arten der Planung zum ersten Mal ausprobieren – einfach, weil sie sehr interessant sind. Wenn das nicht passieren würde, würde die Wissenschaft der angewandten Statik sich nie

weiterentwickeln und neue Wahrheiten würden nicht entdeckt. Aber natürlich würde man in diesem Fall wegen der hohen moralischen Verantwortung versuchen, im Vorfeld die neue Art der Planung möglichst gut auszuprobieren und gut abzusichern.

Und wenn Sie diese Sichtweisen auf die Gegenbeispiele nicht in allen Fällen überzeugen: Es ist sicher so, dass selbst wenn lebensweltliche Argumente für große, philosophische Fragen sehr wichtig sein können, sie trotzdem in anderen Fragen keine gewichtige Rolle spielen, z. B. wenn es um klar abgegrenzte wissenschaftliche Vorhersagen geht. Darum geht es im nächsten Punkt.

2. **Einschränkung und Präzision gehen Hand in Hand:** Man kann die eben genannten lebensweltlichen Argumente zu den vier Gegenbeispielen als „Interpretationen" verstehen, die aber an den einfachen naturwissenschaftlichen Tatsachen nichts ändern. An dieser Sichtweise ist was dran: Es wäre absurd, von der Naturwissenschaft zu verlangen, ihre Methoden zu ändern, um nun auch lebensweltliche Argumente zu berücksichtigen. Die Stärke der Naturwissenschaft besteht genau darin, dass sie sich einschränkt. Nur ganz bestimmte Argumente zählen, alle Theorien müssen Vorhersagen machen, die durch Messgeräte experimentell überprüfbar sind – diese Einschränkung legt den gesamten Fokus auf die Fähigkeit einer Theorie, präzise Vorhersagen über Teile der Welt zu machen. Diese Herangehensweise ist – angesichts des Erfolgs und des vielen, vielen Guten was diese Methode der Welt gebracht hat – nicht weniger als ein Geniestreich. Die einfache, naturwissenschaftliche Wahrheit der Medizin oder der Statik sollte also unbestritten bestehen bleiben, und andere – zum Beispiel philosophische und dabei auch lebensweltliche – Wahrheiten kommen irgendwie ‚dazu'. Dadurch ergibt sich eine neue Art von Wahrheiten, die nicht einfach mit denen der Naturwissenschaft in Konkurrenz stehen, sondern in einem anderen Rahmen verstanden werden müssen. Das gilt nicht nur, wenn man lebensweltliche Argumente zulässt, sondern schon bei jeder Art von philosophischer Theoriebildung – die ja immer methodisch etwas anderes will als, wie

die Naturwissenschaft, einfach nur die Ergebnisse von klar beschreibbaren Experimenten erfolgreich vorhersagen.[11]

Meine Überzeugung ist dabei, dass diese neuen Wahrheiten nicht einen irgendwie geringeren Rang oder Wert haben, sondern vor allem anders sind.[12] Sie sind einerseits weniger präzise: Es gibt in so gut wie allen philosophischen Theorien Diskussionen darüber, wie sie genau zu verstehen sind und/oder was sie genau implizieren und/oder wie die vorgebrachten Argumente genau zu bewerten sind. Sie sind aber andererseits in gewissem Sinne interessanter, weil sie mehr von der Welt beschreiben und sich weniger auf bestimmte Bereiche der Welt einschränken. Diese Inklusivität scheint eine wichtige Grundeigenschaft der Philosophie zu sein. Der Philosoph Peter Simons beschreibt das so: „One of the problems about being a philosopher is that you cannot shove the hard questions off onto someone else. Other sciences can leave a hard question aside, saying 'That's a problem for philosophers, not for us'. The buck stops with us".[13] Lebensweltliche Argumente sind also nur ein weiterer Schritt dabei, alle denkbaren Argumente zu berücksichtigen, wenn man philosophisch an eine Sache herangeht.

3. **Lebensweltliche Argumente sind Ergänzung und nicht Verdrängung:** Eben haben wir diskutiert, dass die philosophischen Theorien, die unter anderem auch durch die Verwendung von lebensweltlichen Argumenten entstehen, nicht einfach auf dem gleichen ‚Level' spielen wie zum Beispiel naturwissenschaftliche Argumente. Das bedeutet aber nicht, dass sie nicht trotzdem in Kontakt mit solchen Theorien stehen. Wir haben beispielsweise im letzten Kapitel gesehen, dass die Philosophie sich sehr detailliert mit Ergebnissen der Physik – zum Beispiel zu den Implikationen der Relativitätstheorie –

---

[11] Würde sie das nicht tun, würde sie einfach zur Naturwissenschaft werden. Man stelle sich vor, eine metaphysische Theorie einer Philosoph:in würde erfolgreich Vorhersagen machen, die die Physik nicht machen kann, z. B. wann und wie eine Wellenfunktion kollabiert. Diese Theorie wäre ab diesem Moment einfach Teil des Werkzeugkastens der Physik, egal wie philosophisch sich ihre Begriffe anhören würden.

[12] Ich habe detailliertere, theoretische Überlegungen dazu in (Andrae 2013) dargelegt.

[13] Interview mit Peter Simons in (Steglich-Peterson 2010, S. 138).

auseinandersetzt. Das ist sicher gut so, denn ein Zerfallen der verschiedenen Versuche der Wahrheitsfindung in ganz verschiedene nicht miteinander kommunizierende Bereiche kann nicht der Weisheit letzter Schluss sein.

Wenn das so ist, dann bleibt auch die Möglichkeit bestehen, dass eine philosophische Theorie nicht gut zu den Ergebnissen anderer Wissenschaften passt. Und es besteht genauso die Möglichkeit, dass eine primär auf lebensweltliche Argumenten gestützte philosophische Theorie nicht gut mit auf andere philosophische Argumenten gestützten philosophischen Theorien zusammenpasst. Wenn das der Fall ist, sollten wir dann diese Widersprüche ignorieren und den lebensweltlichen Argumenten den Vorzug geben? Natürlich nicht! Auch eine von lebensweltlichen Argumenten stark mitbestimmte Theorie ist in der Verpflichtung, sich – wie von dem Philosophen Albert North Whitehead in dem Buch „Science and the Modern World" beschrieben – mit den „irreducible and stubborn facts"[14] zu beschäftigen, egal ob diese aus anderen Wissenschaften oder aus anderen Bereichen der Philosophie kommen. Die Verwendung von lebensweltlichen Argumenten berechtigt uns in keinem Fall, Daten zu ignorieren oder zu ‚cherry-picken'. Und wenn – wie nach meiner Einschätzung zum Beispiel im Fall der Idee der Astrologie – diese anderen Argumente gegen die Theorie ganz eindeutig sind, dann kann ich mir nicht vorstellen, dass lebensweltliche Argumente mich überzeugen würden, der Theorie trotzdem zu glauben. Das spannende an der Einbeziehung lebensweltlicher Argumente in diesen Diskussionen ist aber, dass damit das Gespräch an Punkten weiter gehen kann, wo es früher einfach aufgehört hätte. Damit ist der Rahmen der vernünftigen Diskussion erweitert:

a) ‚Ich glaube an Astrologie!'.
b) ‚Was für ein Blödsinn, wenn das wahr wäre, hätte man es schon lange gemessen, und außerdem geht die wahnsinnig schwache Wirkung der Schwerkraft dieser Himmelskörper einfach im Rau-

---

[14] (Whitehead 1925, S. 3).

schen anderer Wirkungen unter – die Sterne können gar keinen Einfluss auf Dich haben!'.

a) ‚Doch! Es fühlt sich einfach richtig an. Basta!'.

b) (mit lebensweltlicher Perspektive) ‚Ich glaube schon, dass man die Wahrheit auch daran erkennen kann, wie sich etwas anfühlt. Erkläre mal, warum sich das richtig anfühlt mit den Sternen, und wie sich dieses Gefühl in deine vernünftigen Ideen über das Leben und seinen Sinn einfügt'.

a) (nach langer Diskussion) ‚Du hast recht, es gibt eigentlich gar keinen Grund, warum sich das gut anfühlen sollte, wahrscheinlich bin ich wirklich einem Aberglauben aufgesessen'.[15]

In dem oben zitierten Buch „Why Trust Science?" von Naomi Oreskes kommen auch andere Autor:innen zu Wort – um konsequent zu zeigen, dass wissenschaftlicher Dialog eine Vielstimmigkeit erfordert. Einer dieser Beiträge kommt zu dem Schluss: „While the idea of experimentation is inspired by the success of natural science it is applied to all sorts of inquiries – including highly value-laden ones. Moreover, the decisive "practical implications" go well beyond instrumental ones and rather include everything that matters for human existence, for instance in spiritual terms"[16]. Das ist genau das, was ich in diesem Buch meine: die Methode der lebensweltlichen Argumente betrachtet nicht nur die unmittelbare, instrumentelle Nützlichkeit, zum Beispiel bei der Vorhersage von Messergebnissen, als Teil der Wahrheitssuche, sondern genauso auch die Nützlichkeit bei der Passung zu unseren Werten und Gefühlen. Damit ermöglicht sie einen vernünftigen, evidenzbasierten und ergebnisoffenen Diskurs über Fragen, bei denen sich sonst einfach Meinungen oder Intuitionen ausweglos gegenüberstehen.

---

[15] Ich bin mir bewusst, dass diese letzte Reaktion sehr optimistisch überzeichnet ist, weil Menschen – egal mit welchen Argumenten sie konfrontiert werden – nur sehr schwer ihre Meinungen ändern. Aber dadurch, dass sich durch die Inklusion lebensweltlicher Argumente wenigstens der Gesprächsfaden weiterspinnen lässt, erscheint mir die Chance für eine konstruktive Meinungsänderung höher als durch harte Konfrontation.

[16] (Edenhofer und Kowarsch 2021, S. 198).

Das Ergebnis einer so breit angelegten Philosophie, in der sowohl wissenschaftliche Messungen wie auch Werte und Gefühle ihren Platz haben, wäre genau das, was Whitehead Anfang des zwanzigsten Jahrhunderts gefordert hat: „it should be the task of the philosophical schools of this century to [...] end the divorce of science from the affirmations of our aesthetic and ethical experiences".[17]

Noch ein Gegenargument

Es gibt eine andere weitverbreitete Denkweise, die lebensweltliche Argumente grundsätzlich zu diskreditieren versucht: Man sagt, das menschliche Gehirn habe sich eben aus verschiedenen Gründen so entwickelt, dass es bestimmte Werte wichtig findet oder bestimmte Gefühle hat – darauf aufbauend, und hier liegt der Hase im Pfeffer, sagt man dann, dass deswegen diese Werte und Gefühle irgendwie ‚wegerklärt' sind, und keine Hilfe sein können bei der Frage, wie die Welt wirklich ist.[18] Anders als die weiter oben diskutierten Einwände gegen eine Berücksichtigung von lebensweltlichen Argumenten, die ich für wichtig halte und bei denen ich hoffe, sie angemessen berücksichtigt zu haben, halte ich diese Denkweise für ein grundsätzliches Missverständnis. Ich will dazu vor allem sagen, dass diese Denkweise ganz grundsätzlich nicht zu dem Verständnis von Philosophie und zu der Herangehensweise in diesem Buch passt, und daher auch kein Gegenargument ist. Der Punkt ist nicht, dass ich bezweifeln würde, dass Menschen in der Evolution entstanden sind, und auch nicht, dass evolutionäre Überlegungen interessante Einsichten dafür liefern können, wie Gefühle entstanden sind. Der Punkt ist, dass es mir widersinnig erscheint, die Inhalte dieser Gefühle wegen der Art, wie sie entstanden sind, als Quellen von Erkenntnis auszuschließen. Vermutlich sind alle unsere geistigen Fähigkeiten

---

[17] (Whitehead 1925, S. 156).
[18] Ein Beispiel für diese Denkweise ist z. B. bei Simon Prosser zu finden, der auf Basis von einer sehr ähnlichen, evolutionären Argumentation sagt: „the character of experience could not possibly determine which ontological theory is correct" (Prosser 2016, S. 28).

evolutionär entstanden, aber keiner käme auf die Idee, sie alle deswegen grundsätzlich auszuschließen[19], denn dann wären gar keine unserer geistigen Fähigkeiten mehr als Quellen von Erkenntnissen übrig.

Die aus meiner Sicht fehlgeleitete Idee, mit Verweis auf die Evolution große Teile der menschlichen Geisteswelt als mögliche Erkenntnisquellen aus der Philosophie auszuschließen, scheint mir genau das Problem zu sein, das Whitehead vor ca. 100 Jahren schon diagnostiziert hat: „The chief danger to philosophy is narrowness in the selection of evidence. This narrowness arises from the idiosyncrasies and timidities of particular authors, of particular social groups, of particular schools of thought, of particular epochs in the history of civilization".[20]

Warum sind lebensweltliche Argumente besonders bei der Frage nach der Existenz der Vergangenheit relevant?

Bisher haben wir in diesem Kapitel vor allem für die Relevanz von lebensweltlichen Argumenten für die Philosophie ganz allgemein argumentiert. Dabei haben wir auch gesehen, dass diese Argumente nicht für jede Frage gleich wichtig sind, und immer als Teilbeitrag der gesamten Debatte gesehen werden sollten. In diesem Abschnitt wird es nun kurz darum gehen, zu zeigen, warum ich glaube, dass lebensweltliche Argumente gerade für die Frage der Existenz der Vergangenheit spannend sind.

---

[19] Das soll nicht bedeuten, dass wir nicht zu Recht manche Typen von Erfahrung für systematisch illusorisch halten – z. B. Träume. Aber dieses Urteil treffen wir erst, nachdem wir uns mit den Inhalten eines Traums beschäftigt haben und gemerkt haben, dass ‚das ist nicht wirklich, das war nur ein Traum' die beste Erklärung ist. Es ist sogar so, dass wir – zum Beispiel mit Freud – versuchen können, aus den Erfahrungen von Träumen Erkenntnisse zu gewinnen, wenn auch nicht direkt aus den dort präsentierten Inhalten, sondern erst nach Interpretation.

[20] (Whitehead 1929, S. 337).

5 Die Rolle von Werten und Gefühlen bei der Diskussion 47

a) **Es gibt viel zu holen:** Die Vergangenheit ist ein sehr wichtiges Thema unserer lebensweltlichen Erfahrungen; sie spielt eine ganz zentrale Rolle in vielen unserer Gefühle; wir sprechen sehr viel über sie und wir finden die Beschäftigung mit ihr in vielen verschiedenen Formen spannend und interessant. Viele Personen stellen sich intensiv die Frage, wie sie ihre eigene Vergangenheit interpretieren und wie sie sich zu ihr verhalten sollen. Manche Personen finden nichts spannender, als sich Gedanken über die Vergangenheit und das Leben der Menschen in früheren Abschnitten der Geschichte zu machen. Andere versuchen, durch Meditation und Achtsamkeitstraining dem Phänomen der Gegenwart in Abgrenzung zur Vergangenheit auf die Spur zu kommen.
Wie die Antwort auf die Frage nach der Existenz der Vergangenheit ausfällt, ändert unsere Sicht der Welt und kann dazu führen, dass wir wichtige Entscheidungen anders treffen: Wer eher an die Existenz der Vergangenheit glaubt, wird leichter zufrieden damit sein, gute Dinge zu tun und zu erleben, auch wenn sie schnell wieder verschwinden; und wer eher nicht an die Existenz der Vergangenheit glaubt, wird sich mehr damit beschäftigen, wie das Gute in die Gegenwart und die Zukunft fortgesetzt und damit gerettet werden kann.
Die Chancen sind also groß, dass wir – wenn wir die Tür zu lebensweltlichen Argumenten in der Frage nach der Existenz der Vergangenheit erstmal geöffnet haben – viel Stoff finden werden, über den es sich nachzudenken lohnt. Dass eine Art zu argumentieren das Potential hat, sehr produktiv und umfangreich zu werden, ist, meiner Einschätzung nach, ein gutes Argument, es in dieser Richtung zu versuchen.

b) **Die philosophische Diskussion zur Metaphysik der Zeit ist ein unzugängliches Thema, obwohl sie im Prinzip für viele Menschen interessant wäre:** Die spannenden Argumente, die die aktuelle analytische Philosophie zur Frage der Existenz der Vergangenheit aufbringt, sind sehr kompliziert und so gut wie gar nicht von der Breite der Gesellschaft rezipiert. Das kann man als Problem sehen, zu dem eine breit zugängliche Diskussion über lebensweltliche Argumente eine Antwort sein kann, wie Logi Gunnarsson hier in einem

Interview darstellt: „Die heutige Philosophie ist in einer Krise. Einerseits findet man an Universitäten abstrakte Philosophie, die den Menschen nichts sagt. Andererseits gibt es popularisierte „Übersetzungen" der akademischen Philosophie, denen aber dann die Dringlichkeit und Ernsthaftigkeit des Philosophierens fehlt. Die Menschen wollen philosophieren, nicht über die Ergebnisse der Philosophie informiert werden".[21]

c) **Zeit ist ein schwer zu definierender Grundbegriff:** In seinem sehr breit rezipierten Artikel zur Unwirklichkeit der Zeit schreibt der Philosoph John McTaggert: „We cannot explain what is meant by past, present and future. We can, to some extent, describe them, but they cannot be defined".[22] Dass es in gewissem Sinne schwierig ist, alle Begriffe in einer Theorie zu definieren, ist klar: Denn jede Definition eines Begriffs benützt ja andere Begriffe, und wenn man immer neue basalere Ebenen der Definitionen dafür verwenden will, aber endliche Ketten von Definitionen will, gelangt man notwendigerweise irgendwann bei Grundbegriffen an, die so basal sind, dass sie nicht mehr definiert werden können. Vielleicht ist die Rede von der Zeit ein solcher Begriff. In diesen Fällen muss man dann hoffen, dass die Grundbegriffe so klar sind, dass sich eigentlich alle recht einig sind, was damit gemeint ist – weil man nicht mehr mit einer Definition anderen Menschen klar machen kann, was man meint. Ich glaube, damit allen klar ist, was mit Zeit gemeint ist, ist es gut, wenn wir auch über lebensnahe Dimensionen der Zeit sprechen – wie Hoffnung, Verlust, Trost,

---

[21] Siehe: https://www.uni-potsdam.de/de/nachrichten/detail/2021-01-08-nur-mit-vernunft-und-temperament-prof-logi-gunnarsson-philosophiert-ueber-die-philosoph. (Abgerufen November 2024).

[22] (McTaggart 1908, S. 463). Der hier zitierte Ausschnitt bezieht sich in einem ersten Schritt nur auf die „A-Series" der Zeit, wie in dem Artikel definiert, aber er sagt in den nächsten Zeilen, dass er das Problem, dass die Zeit im Grunde undefinierbar – weil „ultimate" – ist, auch für die „B-Series" ähnlich sieht: „That the units of time do form a series, the relations of which are permanent, is as ultimate as the fact that each of them is present, past, or future.".

Angst oder Verantwortung. Die lebensweltlichen Argumente können also helfen, den Grundbegriff ‚Zeit' besser zu verstehen und so schwierige Diskussionen über die Bedeutung von undefinierbaren Begriffen vermeiden.[23]

Am Ende gilt aber für die Verwendung von lebensweltlichen Argumenten in diesem Buch das gleiche, was für alle Methoden gilt: Ob eine Methode sinnvoll ist, kann man nicht beweisen, das muss das Ergebnis ihrer Anwendung dadurch zeigen, dass es für möglichst viele Leser:innen interessant ist.

---

[23] Eine Alternative zu der dargestellten Vorgehensweise ist es, dass man undefinierbare Grundbegriffe vermeidet, indem sich die verschiedenen Begriffe zirkulär gegenseitig definieren. Auch in diesem Fall ist es hilfreich, wenn man mit lebensweltlichen Argumenten arbeitet, weil dann – mit Hoffnung, Verlust, Trost, Angst, Verantwortung etc. – im Diskurs mehr Begriffe vorhanden sind, die eine zeitliche Dimension haben, und die helfen können, die reinen Zeitbegriffe zirkulär zu definieren.

6
Wie funktioniert persönliche Identität, wenn die Vergangenheit noch existiert?

Bevor wir uns mit den lebensweltlichen Argumenten für die Existenz der Vergangenheit intensiv beschäftigen können, müssen wir noch ein wichtiges Thema klären: Wer bin ich eigentlich, wenn die Vergangenheit existiert?

Was bedeutet persönliche Identität und was ist das Problem?

Die Frage „wer bin ich eigentlich?" hat sehr viele verschiedene Aspekte. Ich will hier nicht die Fragen stellen, was genau eine Person ausmacht, wie sie im Verhältnis zum menschlichen Körper steht oder welche Eigenschaften eine Person ändern könnte und dabei trotzdem sie selbst bleibt. Alle diese Fragen sind sehr wichtig und interessant[1], aber ich nehme für das Folgende ohne Nachweis an, dass es eine Antwort

---

[1] Zu einer sehr guten Ausdifferenzierung der verschiedenen hier nicht behandelten Aspekte, siehe z. B. (Gunnarsson 2013).

darauf gibt, die grob zur Alltagswelt und zu meinem inneren Empfinden passt.

Die Frage, die sich aber trotzdem stellt, ist: Wenn es die Vergangenheit noch gibt, wer bin ich dann? Bin ich der ich von heute oder der von gestern oder der von vor zehn Jahren? Es gibt mich ja nicht nur jetzt gerade, sonders es gibt all diese Personen in der Vergangenheit ja immer noch. Wie kann das funktionieren? Hier lohnt es sich, noch einmal auf den Titel des Buches zu blicken: Dass es die Vergangenheit noch gibt, steckt in dem *nothing ever ends,* und im Folgenden geht es um das *nothing lasts*.

Der Ausgangspunkt ist folgender: Einerseits ist es ganz normal zu denken, dass wir uns in unserem Leben stark verändern, neue Erfahrungen machen, lebensverändernde Entscheidungen treffen, etc. Wir denken und sagen auch manchmal ‚ich bin ein anderer Mensch geworden'. Andererseits scheinen wir in unserem Denken, in unserem Sprechen und auch in unserem gesellschaftlichen Handeln – zum Beispiel, wenn wir Versprechen geben oder wegen eines Verbrechens verurteilt werden – davon auszugehen, dass es den Kern eines Menschen gibt – sei es die Seele, der Körper, der Charakter, das Gewissen, die einzigartige Perspektive auf die Welt oder etwas anderes; und, dass dieser Kern, wenn nicht unbedingt über ein ganzes Leben, doch zumindest über längere Zeiten gleichbleibt. Es ist eines der Grundprobleme der Philosophie, wie wir mit der Spannung zwischen diesen beiden Polen umgehen.

Wenn die Vergangenheit noch existiert, dann sind wir wohl oder übel darauf festgelegt, den zweiten Pol – dass es etwas gibt, was gleichbleibt – nicht ganz so eng zu sehen. Das liegt einfach daran, dass es, wenn es die Vergangenheit noch gibt, ja sehr viele verschiedene Versionen von meinem ‚Kern' nebeneinander gäbe. Es gibt mich, der ich vor zehn Jahren gerade mit der Promotion fertig war, es gibt mich, der ich gestern Abendessen gekocht habe, es gibt mich, der ich jetzt dieses Buch schreibe, etc. Aber der Kern war ja genau das, was durch die Zeit gleichbleiben soll.[2] Insofern gäbe es in der Wirklichkeit mehrere Dinge (mich

---

[2] In der akademischen Debatte wird die Position, dass es einen gleichbleibenden Kern gibt, in der Regel als Endurantismus bezeichnet. Siehe z. B. (Benovsky 2009, S. 302): "Endurantism is often put as the view that says that an object persists through time by being wholly (and not partly, as the worm view has it) multiply located at all times at which it exists.".

gestern, mich heute, etc.), die aber per Definition im Kern identisch sind. Das macht keinen Sinn, wie zum Beispiel Wittgenstein im Tractatus festhält: „Beiläufig gesprochen: Von *zwei* Dingen zu sagen, sie seien identisch, ist ein Unsinn".[3]

Es bleibt also die einzige Lösung: *Nothings last,* auch ich nicht. Es gibt verschiedene Ichs, zu jedem Zeitpunkt in der Vergangenheit ein anderes.[4] Wenn ich mit dem rechten Zeigefinger auf ein Foto von mir von früher zeige und mit dem linken Zeigefinger auf mich im Spiegel zeige, zeige ich auf zwei verschiedene Dinge, zwei verschiedene Personen.[5]

Wenn das stimmt, muss es irgendeine sehr starke und enge Verbindung zwischen diesen verschiedenen Ichs geben, damit meine alltäglichen Erfahrungen von *meinen* Kindern, *meiner* Geschichte, *meiner* Zukunft, etc. sich sinnvoll abbilden lassen. Denn es ist ja ganz offensichtlich so, dass wir weder uns selbst noch andere Personen zu verschiedenen Zeitpunkten des Lebens als immer neue, einfach nur immer wieder verschiedene Personen erleben; sondern wir haben das Gefühl, dass verschiedene Versionen einer Person im Zeitverlauf in einem ganz starken Sinne zusammengehören.

Die philosophische Literatur nennt diese Sichtweise ‚Stage-Theory' und sie geht maßgeblich zurück auf den amerikanischen Philosophen Ted Sider. Die Stage-Theory wird sehr aktiv diskutiert, aber sie hat eine oft erwähnte Schwäche, auf die ich hier eingehen will – nämlich, dass die Verbindungen zwischen diesen verschiedenen Versionen einer Person immer irgendwie zu schwach erscheinen, um die existentielle Unruhe zu beruhigen, die uns beschleicht, wenn wir hören, dass wir nicht durch die Zeit die gleichen bleiben. Ludwig Jaskolla nennt das ‚the

---

[3] (Wittgenstein 1922, 5.5303, S. 62).

[4] In den Begriffen der analytischen Philosophie gesprochen bedeutet das: Ich behaupte, die fortgesetzte Existenz der Vergangenheit ist nicht kompatibel mit einer endurantistischen Sicht der persönlichen Identität, sondern benötigt, wenn sie überhaupt eine persönliche Identität enthalten soll, eine Art Stage-Theorie. Die dritte klassische Variante, eine perdurantistische Sicht, in der ich identisch mit einer raum-zeitlich ausgedehnten Kette von Ereignissen bin, habe ich im Haupttext nicht erwähnt. Erstens, weil sie Fragen zur Existenz der Zukunft verursachen würde, die in diesem Buch bewusst ausgeblendet werden. Und zweitens, weil sie sich schwertut, das lebensweltlich völlig normale Phänomen abzubilden, dass ‚ich, jetzt, hier' existiere, Gefühle habe, eine Entscheidung treffen muss, etc.

[5] Die sehr anschauliche Beschreibung mit den Fingern habe ich (Olson 2022) entlehnt.

challenge from insufficient binding', und beschreibt das sehr anschaulich wie folgt: "The basic idea of the challenge of insufficient binding is that the characterization of temporal counterpart relations given by the proponent of stage theory is just too general and too abstract to provide a substantial explanation of persistence conditions. For the sake of clarity, let us step back from the technical discussion of this problem for a minute and consider a fictional debate between a stage theorist and someone, who has not studied philosophy in an academic context.

Non-academic 'I have been wondering about something. Although I have undergone serious changes in my life so far, I still think that I remained basically the same person.'

Stage theorist 'Well, the great thing about my theory is that it explains this fact perfectly well. I think that at every moment of time you are a different person. Nevertheless, the persons are connected by certain relations, that.. [insert here a lengthy explanation of the formal features discussed.].'

Non-academic 'Ok, ok, I think I get your basic point. But despite all these requirements, what *are* these relations, you're talking about?'".[6]

Meine vergangenen Versionen sind ein Teil von mir

Ich will im Folgenden eine eigene Denkweise dazu vorstellen, was die Verbindungen zwischen den verschiedenen Versionen einer Person ausmacht, die ganz eng mit der Vorstellung verbunden ist, dass es die Vergangenheit noch gibt: Es erscheint mir am überzeugendsten zu glauben, dass jedes einzelne Ich alle seine vergangenen Versionen als Teile enthält. Ich bin also zu jedem Zeitpunkt eine neue Person, aber bin nicht nur durch abstrakte Ähnlichkeiten, und nicht einmal nur durch konkrete Verursachung mit meinen vergangenen Versionen verbunden, sondern durch eine ganz konkrete Teil-Ganzes Beziehung. Folgende Grafik

---

[6] (Jaskolla 2017, S. 106 f.).

6 Wie funktioniert persönliche Identität … 55

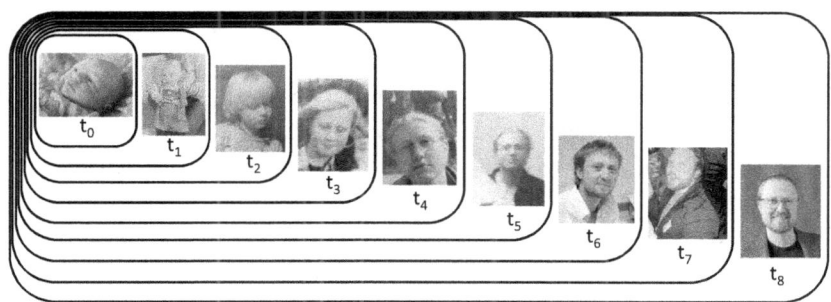

Abb. 6.1 Verschiedene Versionen von Benjamin Andrae[7]

veranschaulicht das Prinzip anhand von mir selbst in meinen verschiedenen Versionen (Abb. 6.1).

Die Bilder enthalten interessante Momente aus meinem Leben, zum Beispiel als ich das einzige Mal in meinem Leben eine Lederhose anhatte (t_1), und in jüngeren Zeiten Fotos von verschiedenen Websites, zum Beispiel von der vor David Chalmers, der ein Foto gemacht hat, als ein Kellner in Bochum aus Versehen ein ganzes Tablett voller Bier über mich gekippt hat (t_7) – letzteres Foto führt immer wieder zu lustigen Gesprächen, wenn neue Kolleg:innen mich vor ihrem Arbeitsantritt googlen.

So über die Verbindung zwischen verschiedenen Versionen einer Person nachzudenken, hat zwei ganz entscheidende Vorteile:[8]

---

[7] Bildquellen t_0 bis t_5: Familienalben. Bildquelle t_6: https://www.theorie.physik.uni-muenchen.de/17ls_th_statisticphys_en/members/former_mem/master_students/benjamin_andrae/index.html, Bildquelle t_7: https://consc.net/pics/bochum.html, Bildquelle t_8: https://www.metrum.de/strategieberatung-fuer-kultur-und-bildung (Foto: https://www.fernandavilela.com/).

[8] Mir ist kein Beispiel bekannt, in dem diese mereologische Version der Stage-Theory in der akademischen Literatur vertreten wird. Angesichts der Vielzahl der Literatur und dem ‚breiten-statt-tiefen' Ansatz dieses Buches ist das aber kein starker Hinweis darauf, dass es diese Literatur nicht trotzdem gibt. Man könnte diesen Ansatz auch als neue, vierte Alternative in der Diskussion um die Persistenz verstehen, und als „Stack-Theory" bezeichnen, weil er substantielle Abweichungen von der Stage-Theory hat: In gewissem Sinne gibt es in ihm keine Persistenz, weil nicht eindeutig ist, wen wir meinen, wenn wir den Eigennamen einer Person sagen; da es viele verschiedene „ganze" Personen gibt. Dieses Problem besteht aber meiner Meinung nach auch bei Stage-Theories, die die „Stages" sehr ontologisch stark verstehen. Und die „Stack-Theory" hätte den Vorteil,

1. **Essenzielle Verbindung:** Ich wäre nicht ich, wenn meine vergangenen Versionen nicht so wären, wie sie sind. Meine Vergangenheit ist ein Teil meines jetzigen Ichs, und zwar nicht nur dadurch, dass ich mich erinnere, sondern ganz direkt, als echter, existierender Teil. Eine engere Verbindung zwischen verschiedenen Dingen ist schwer vorstellbar.
2. **Substanzielles gegenwärtiges Ich:** Weil die Vergangenheit ein echter Teil meines Wesens ist, ist zum jetzigen Zeitpunkt wirklich etwas sehr Substantielles ‚da'. Das passt meiner Einschätzung nach sehr gut zu der Art, wie wir über z. B. einen guten Freund denken, mit dem wir gerade sprechen: Wir haben das Gefühl, wir sind wirklich mit einem substanziellen Wesen zusammen, und nicht nur mit einer kurzen, flüchtigen Momentaufnahme.[9]

Das mit der Zeit die Menge der enthaltenen, vergangenen Versionen immer größer wird, kann man so interpretieren: Je älter man wird, desto mehr wird die Identität zum gegenwärtigen Zeitpunkt durch die Vergangenheit bestimmt.

Das Erste, woran man sich beim Umgang mit diesem Ansatz gewöhnen muss, ist die Idee von ‚zeitlichen Teilen'. Wir sind im normalen

---

dass sie ein Problem von ontologisch stark verstandenen Stage-Theories lösen würde: „J. Lowe has argued that we cannot state the identity conditions for the temporal part of a thing without referring to the whole persisting thing". (Kanzian 2017, S. 411). Weil in der „Stack-Theory" zu jedem Zeitpunkt ein ontologisches Ganzes vorliegen würde, was die vorherigen Versionen als zeitliche Teile enthält, könnten die Identitätsbedingungen der Entitäten zu verschiedenen Zeiten jederzeit unproblematisch angegeben werden. In gewissem Sinne ist die „Stack-Theory" eine Heirat zwischen der Stage-Theory und der perdurantistischen Sicht, weil jede neue Entität identisch mit einem Raum-Zeit-Wurm ist – weil jede neue Stage ein eigener Raum-Zeit-Wurm ist. Ob eine „Stack-Theory" wirklich einen substanziellen, neuen Ansatz darstellt, und ob sie die vielen anderen Probleme der Stage-Theory lösen kann oder nicht, wäre aber durch eine technischere Diskussion zu klären, für die dieses Buch nicht der richtige Ort ist.

[9] Dass das eine besondere, und lebensweltlich positiv zu bewertende, Eigenschaft dieses Ansatzes ist, zeigt die folgende Beobachtung von Godehard Brüntrup: „Eine revisionistische Metaphysik, die von uns verlangt, nicht mehr ganze Personen, sondern nur noch Personenabschnitte treffen zu können, ist im Lebensvollzug kaum durchhaltbar". (Brüntrup 2010, S. 260). Meiner Einschätzung nach ist die in diesem Buch präsentierte Lösung auch im Lebensvollzug noch einfacher als die in diesem Artikel von Godehard Brüntrup dargestellte, in der ganze Personen, so wie ich es verstehe, wohlfundierte Abstraktionen sind.

Sprachgebrauch vor allem räumliche Teile gewöhnt; das Schlafzimmer ist ein Teil der Wohnung, weil es sich räumlich in ihr befindet. Aber auch in vielen anderen, nicht-räumlichen Kontexten verwenden wir die Idee einer Teil-Ganzes Beziehung: Zum Beispiel in funktionaler Sicht, wenn wir sagen ‚Die Kolleg:in ist ein Teil des Teams', in konzeptioneller Sicht, wenn wir sagen ‚Ein wichtiger Teil des Problems ist die Frage…' oder in prozessualer Sicht, wenn wir sagen ‚der erste Teil unseres Planes ist, dass wir …'. Eigentlich sind uns zeitliche Teile auch schon gut vertraut: ‚im ersten Teil des Urlaubs war ich krank, aber im zweiten Teil nicht mehr'.

Das Besondere hier ist aber in einem zweiten Schritt, dass die Struktur, wie die Teile sich zueinander verhalten eine ungewöhnliche ist: Es gibt – im Unterschied zum Beispiel zu einer Kette, die aus ganz verschiedenen Gliedern besteht – keine einzelnen unvollständigen Teile, die nichts miteinander zu tun haben, und durch einfaches Zusammensetzen das Ganze ergeben; sondern jeder Teil ist ein Ganzes, und enthält alle vorherigen Teile, wie bei konzentrischen Kreisen. Der äußere Kreis enthält alle vorherigen, der zweite enthält alle außer dem äußersten, etc. Nur durch diese Struktur macht es Sinn, davon zu sprechen, dass dem Ganzen ein bestimmter Zeitpunkt zugeordnet wird, obwohl es zeitliche Teile hat. Denn es gibt immer einen Zeitpunkt, an dem das neue Ganze, das alle anderen Versionen in sich integriert, zum ersten Mal anwesend ist – nämlich den, bei dem der neueste zeitliche Teil dazugekommen ist.

Für die Versionen von mir bedeutet das: Es gibt zu jedem Zeitpunkt eine ganze, zu diesem speziellen Zeitpunkt gehörige neue Version, die aber die alten Personen mit ihren alten Zeitpunkten enthält.[10]

---

[10] Es bleibt die Frage, wie in der Identität der verschiedenen Personen die Inklusion der alten Versionen inhaltlich zu verstehen ist. Geht mit der Teil-Ganzes-Beziehung eine durchgehende mentale oder physikalische Kausalkette einher? Oder sind die verschiedenen Versionen durch Erinnerungen verbunden? Oder teilen die Versionen miteinander die gleichen Werte? Das ist am Ende das ganze Thema der persönlichen Identität, das wir am Anfang des Kapitels gezielt ausgeklammert haben und das den Rahmen dieses Buches sprengen würde. Ein Stück weit kehren hier auch die Ideen aus der Stage-Theory als hilfreich wieder, zum Beispiel die Idee von Ludwig Jaskolla (2017), die Verbindung zwischen verschiedenen Stages durch eine panpsychistisch verstandene mentale Verursachung zu erklären. Meiner Einschätzung nach werden alle diese Erklärungen aber

Wie fühlt sich diese Denkweise an?

Die erste Reaktion auf die Aussage, dass ich nicht durch die Zeit die gleiche Person bleibe, ist in der Regel negativ: ‚Wie kann das sein! Das würde ja bedeuten, dass ich nicht heute Mittag meine Kinder in der Schule abhole und heute Abend nicht mit meiner Frau essen gehe – diese Ereignisse werden zwar vielleicht passieren, aber das werde nicht *ich* sein. Das will ich nicht!'. Diese Reaktion ist intuitiv angebracht, und weil die These der Existenz der Vergangenheit, wie im letzten Abschnitt dieses Kapitels gezeigt, genau das behaupten muss, wird es nun darum gehen, etwas genauer hinzusehen und zu versuchen, diese negative Reaktion abzuschwächen.

Ein erster Ansatz, um diese Abkehr von durch die Zeit gleichbleibenden Individuen weniger unangenehm zu machen, ist schon durch die Konstruktion gegeben: Auch wenn nicht *ich, der ich jetzt gerade existiere,* heute Mittag meine Kinder von der Schule abholen werde, werde *ich, der ich jetzt gerade existiere,* heute Mittag ja gegenwärtig sein; weil *ich, der ich jetzt gerade existiere,* ein Teil der Person sein werde, die dann an der Schule sein wird.

In Ursula K. Le Guins Roman "The Dispossessed" ist die Hauptfigur Shevek – ein Physiker, der sich mit der Zeit, der Ewigkeit und der Gleichzeitigkeit beschäftigt und der an die Existenz der Vergangenheit glaubt. Nachdem er vier Jahre lang von seiner Frau Takver getrennt war, und nun zu ihr zurückgekehrt ist, werden seine Gefühle wie folgt beschrieben:

> „For her as for him, there was no end. There was process: process was all. You could go in a promising direction or you could go wrong, but you did not set out with the expectation of ever stopping anywhere. All responsibilities, all commitments thus understood took on substance and duration.

---

in gewissem Sinne entlastet: Sie müssen nicht mehr erklären, was zwei ontologisch disjunkte ‚Stages' so extrem eng verbindet, dass wir analog von der Persistenz einer Person sprechen dürfen; sondern sie müssen nur noch erklären, was zwei ontologisch sowieso – durch die Identität der allermeisten Teile – eng verbundene Entitäten zusammenhält, und zwar in Form der Identitätsbedingung der größeren Entität. Das ist trotzdem nötig, aber einfacher.

> So his mutual commitment with Takver, their relationship, had remained thoroughly alive during their four years' separation. They had both suffered from it, and suffered a good deal, but it had not occurred to either of them to escape the suffering by denying the commitment.
> For after all, he thought now, lying in the warmth of Takver's sleep, it was joy they were both after – the completeness of being. If you evade suffering you also evade the chance of joy. Pleasure you may get, or pleasures, but you will not be fulfilled. You will not know what it is to come home.
> Takver sighed softly in her sleep, as if agreeing with him, and turned over, pursuing some quiet dream.
> Fulfillment, Shevek thought, is a function of time. The search for pleasure is circular, repetitive, atemporal. The variety seeking of the spectator, the thrill hunter, the sexually promiscuous, always ends in the same place. It has an end. It comes to the end and has to start over. It is not a journey and return, but a closed cycle, a locked room, a cell.
> Outside the locked room is the landscape of time, in which the spirit may, with luck and courage, construct the fragile, makeshift, improbable roads and cities of fidelity: a landscape inhabitable by human beings.
> It is not until an act occurs within the landscape of the past and the future that it is a human act. Loyalty, which asserts the continuity of past and future, binding time into a whole, is the root of human strength; there is no good to be done without it.
> So, looking back on the last four years, Shevek saw them not as wasted, but as part of the edifice that he and Takver were building with their lives. The thing about working with time, instead of against it, he thought, is that it is not wasted."[11]

Ich verstehe diese Passage so: Dass es die Vergangenheit gibt, bedeutet, dass wir mit den verschiedenen Momenten unseres Lebens ein Werk erschaffen können, was nicht alleine in der Gegenwart existiert, sondern ausgedehnt ist auf die Vergangenheit. Dadurch ist das Gelingen dieses Werkes nicht davon abhängig, dass in der Gegenwart alles perfekt ist, sondern es kann gut sein, dass es auch mal längere Dürreperioden gibt, in denen nicht viel Gutes passiert. Die ganze Kraft des Werkes sieht man erst, wenn man die Jahre und Jahrzehnte betrachtet.

---

[11] (Le Guin 1974, S. 334).

Dieses Werk kann, wie in den Gedanken von Shevek, ein gemeinsames sein, bei dem man mit geliebten Menschen ein geteiltes und von gegenseitiger Loyalität und gegenseitigem Vertrauen geprägtes Leben lebt, dessen besonderer Wert in der geteilten Geschichte und dem gemeinsamen Lernen liegt. Es kann aber auch ein ganz anderes Leben sein, vielleicht eines, in dem Beziehungen ein geringeres Gewicht haben, aber das von anderen Werten geprägt wird und aus diesen in ihrer Verankerung im Lauf eines Lebens etwas ganz besonderes erschafft.

So verstanden ist es also gar nicht schlecht, dass ich nicht durch die Zeit der gleiche bleibe – denn die vergangenen Ichs, die ich in jedem Zeitpunkt zurücklasse und die zusammen das Werk meines Lebens bilden, sind notwendig für dieses Verständnis davon, in Ursula K. Le Guins Worten gesprochen, ‚mit der Zeit zu arbeiten und nicht gegen sie'.

Die Tatsache, dass ich nicht durch die Zeit der gleiche bleibe, hat aber einen weiteren, meiner Ansicht nach lebensweltlich positiven, Aspekt, den ich an folgendem Beispiel darstellen will:

Der Musiker Nick Cave betreibt seit einiger Zeit eine Website, the Red Hand Files, bei der jeder digital Fragen stellen kann, und er ausgewählte Fragen in Form von Blog Posts beantwortet. Eine solche Frage war in 2021: „How to find yourself again when you feel like you have strayed so far from who you used to be?".

In seiner Antwort schreibt Nick Cave: „The person you think you used to be has gone, and is never coming back. The idealised impression of your past self that your present self competes with is a mirage. Every moment you live is a rapid and shocking abandonment of the last version of yourself. You are forever 'straying from the person you used to be'. […].

This call to adventure can begin immediately, in the next moment".[12]

Ich verstehe das so: Weil ich nicht durch die Zeit der gleiche bleibe, hat jede neue Version von mir die Chance, aber auch die Verantwortung,

---

[12] Siehe: https://www.theredhandfiles.com/how-to-find-yourself-again/ (Abgerufen November 2024).

wirklich etwas Neues zu sein. Ich bin nicht einfach durch das, was ich bin, festgelegt, sondern ich muss meine vorherigen Versionen in jedem Moment irgendwie hinter mir lassen. Natürlich wird es in der Regel so sein, dass ich die Kontinuität mit meinen Vorgänger-Versionen, die ja ein Teil von mir sind, bewahre – sonst kann auch das ‚mit der Zeit arbeiten und nicht gegen sie' nicht gut funktionieren. Aber auch diese Kontinuität ist eine Eigenschaft einer neuen Entität, nämlich meines jetzigen Ichs, und wird damit in jedem Moment durch aktives Handeln erneuert, anstatt schon festgelegt zu sein.

Und schließlich gibt es noch einen dritten Aspekt, warum diese Sichtweise sich lebensweltlich vielleicht positiv anfühlt: Sie schwächt die Angst vor dem Tod ein Stück weit, weil sie den Tod nicht zu einem einzigartigen Ereignis macht, das einmal am Ende des Lebens passiert, sondern zu etwas, was im Grunde in jedem Moment passiert und mit dem wir vertraut sind. Der Philosoph George Santayana beschreibt das so: "We need not wait for our total death to experience dying; we need not borrow from observation of others' demise a prophecy of our own extinction. Every moment celebrates obsequies over the virtues of its predecessor."[13]

Ich glaube trotzdem, dass der Tod – dann verstanden als ‚es gibt keine neuen Versionen mehr von einer Person in der Zukunft' – noch einen großen Schrecken beinhaltet; darum wird es in Kap. 10 in mehr Detail gehen. Aber es kann ein lebensweltliches Argument für diese Sicht der persönlichen Identität sein, dass in ihr der Tod kein prinzipiell einzigartiges Ereignis ist.

Viele der hier angedeuteten Themen werden in Teil zwei des Buches wiederkehren. Daher ist es für diejenigen Leser:innen, die noch nicht überzeugt sind, dass eine Denkweise ohne durch die Zeit gleichbleibendes Selbst lebensweltlich Sinn macht – auch nicht in der hier dargelegten Version –, vermutlich das Beste, die Argumentation so zu verstehen: Diese etwas abgeschwächte Sicht der persönlichen Identität ist nötig für die These der Existenz der Vergangenheit. Wenn Sie sie als lebenswelt-

---

[13] (Santayana 1905, S. 154).

lich problematisch wahrnehmen, dann merken Sie sich das als einen ‚Punkt' gegen die These von der Existenz der Vergangenheit; aber geben Sie der These die Chance, auch ihre anderen Argumente vorzubringen, und treffen Sie ihr Urteil erst am Ende.

Die Rolle der Erinnerung

Bevor wir mit diesen Argumenten in Teil zwei beginnen, ist eine letzte Einordnung zur persönlichen Identität wichtig: Wenn meine vergangenen Versionen ein Teil von mir sind, wie verhält sich das dann zu meiner Wahrnehmung der Vergangenheit?

Zunächst will ich klar sagen, wie das nicht gedacht ist: Wir beobachten, dass wir uns gerne Geschichten darüber erzählen, wie unsere Vergangenheit gelaufen ist und was sie für uns bedeutet. Solche Narrative gibt es offensichtlich, und sie spielen sicher eine wichtige Rolle für unser Gefühl davon, wer wir sind. Problematisch ist aber, dass sie sicher oft teilweise oder sogar manchmal größtenteils faktisch falsch sind, und dann eine Vergangenheit beschreiben, die es so nie gab. Solche Narrative sind Teil der jeweiligen Gegenwart, in der sie erzählt werden und damit nicht gemeint, wenn ich oben gesagt habe, dass meine vergangenen Versionen ein Teil von mir sind. Was ich als Teile meine, sind die vergangen Versionen, die es faktisch, konkret wirklich gab – auch wenn ich mich heute falsch oder gar nicht an sie erinnere.

Aber auch wenn die These, dass meine vergangenen Versionen ein Teil von mir sind, nicht identisch mit der These ist, dass meine Erinnerungen ein Teil von mir sind, sollten wir doch die Rolle der Erinnerungen für die persönliche Identität nochmal etwas genauer in den Blick nehmen. Denn es scheint völlig klar, dass unsere Fähigkeit zur Erinnerung zentral für unsere persönliche Identität ist. Der Neurobiologie Martin Korte schreibt in 2017 in seinem passend dazu betitelten Buch „Wir sind Erinnerung": „Was wir an unserem Gedächtnis haben, merken wir erst, wenn es uns im Stich lässt. Tatsächlich muss man sich die Fähigkeit des Erinnerns nur einmal konsequent wegdenken, um sich darüber klar zu werden, dass wir, wie Dieter E. Zimmer einmal geschrieben hat, ohne diese magische Fähigkeit des Gehirns, ohne unsere

Fähigkeit, das, was gewesen ist und nicht mehr ist, in uns festzuschreiben, nichts anderes wären als Steine".[14]

Wenn es stimmt, und ich kann mir keine ernst zu nehmenden Argumente dagegen vorstellen, dass eine zumindest ein bisschen funktionierende Erinnerung eine notwendige – also eine ‚ohne das geht es nicht' – Bedingung dafür ist, dass eine gegenwärtige Version von mir viel mehr ist ‚als ein Stein', dann müssen wir uns zwei Fragen stellen:

1. **Wie ist Erinnerung philosophisch zu verstehen, wenn es die Vergangenheit noch gibt?**
   In der Regel sprechen wir alltäglich so, als wäre unsere Erinnerung ein Ereignis der Gegenwart. Wir sagen: ‚Ich erinnere mich gerade an XYZ'. Oft kommen weitere Intuitionen dazu: Erstens sind Erinnerungen in der Regel nicht reine Dokumentationen der Vergangenheit, sondern haben viel mit dem Moment zu tun, in dem sie ‚hochkommen'. Zweitens können Erinnerungen auch falsch oder verzerrend sein, und ich kann mir daher nie sicher sein, ob sie die Vergangenheit wirklich richtig wiedergeben. Drittens ist die Vorstellung, dass es die Vergangenheit nicht gibt, wie wir oben gesehen hatten, weit verbreitet, und wenn das so wäre, dann könnte eine Erinnerung ja gar nichts anderes sein als ein rein in der Gegenwart stattfindendes Ereignis.
   In Kombination dieser drei Intuitionen ergibt sich eine Art ‚Gegenwarts-Internalismus', was Erinnerungen betrifft: Viele Menschen glauben, unsere Erinnerungen sind notwendigerweise etwas, was sich nur in der Gegenwart und nur in unserem Geist beziehungsweise in unserem Gehirn abspielt. Weitere Bestätigung erfährt diese Vorstellung durch die unbezweifelbare Tatsache, dass Veränderungen am Gehirn unsere Fähigkeit zur Erinnerung verändern.
   Ich will nun ganz kurz, und ohne die offensichtlichen medizinischen Fakten zu bezweifeln, versuchen, ein Argument gegen diesen ‚Gegenwarts-Internalismus' zu skizzieren, und damit eine Denkweise mo-

---

[14] (Korte 2017, S. 14).

tivieren, in der eine Erinnerung eine konkrete Verbindung zu einer wirklich existierenden Vergangenheit sein kann.

Die Darstellung ist dabei ganz einfach, und daher sicher zu kurz gegriffen.[15] Aber nachdem das Thema der Erinnerung nicht das Hauptthema dieses Buches ist, muss diese einfache Skizze ausreichen, und zumindest einen ersten Ansatz bieten, die Erinnerung neu zu sehen.

Das Argument ist:

a) Erinnerung und Wahrnehmung sind sehr ähnlich.
b) In der Wahrnehmung gehen wir aber in der Regel davon aus, dass wir mit wirklich existierenden Objekten verbunden sind.
c) Wenn die beiden Funktionen so ähnlich sind, sollten wir auch in der Erinnerung in der Regel davon ausgehen, dass wir mit wirklich existierender Vergangenheit verbunden sind.

Die Gültigkeit des Arguments hängt an der Gültigkeit des ersten Satzes. Natürlich kann man auch, philosophisch informiert und gut begründet, den zweiten Satz, und – wenn man genau nach der Definition von Ähnlichkeit in dem Argument fragt – sogar den dritten Satz infrage stellen. Das will ich aber nicht tun, sondern annehmen, dass die letzten beiden Sätze im Groben und Ganzen offensichtlich zutreffen. Ich muss also nur den ersten Satz noch plausibler machen.

Positiv gesagt ist die Ähnlichkeit klar; in beiden Funktionen stellen sich uns externe Tatsachen als potenziell wahr dar. Wenn ich einen Freund treffe, sehe und denke ich ‚Dort steht mein Freund vor mir', und wenn ich mich an ein gemeinsames Abendessen gestern erinnere, denke ich ‚Gestern war mein Freund mit mir beim Italiener'. Auch wissenschaftlich informiert bleibt die Ähnlichkeit bestehen; sowohl für die erste wie für die zweite Funktion sind komplizierte Vorgänge im Gehirn nötig, bevor sich diese Tatsache mir so darstellt. Diese Vorgänge sind zwar auf den ersten Blick anders – im ersten Fall sind

---

[15] Für eine detailliertere Beschreibung der Geist-Welt Beziehung – allerdings ohne starken Fokus auf die Vergangenheit – inklusive einer Darstellung der wichtigsten Positionen in der analytischen Philosophie, siehe (Andrae 2014).

es neuronale Impulse, die in den Sinnesorganen ihren Ausgang nehmen und dann im Gehirn ankommen, im zweiten Fall triggert etwas anderes, vielleicht etwas mehr Internes wie ein Gedanke, die neuronalen Impulse im Gehirn. Aber bei genauerem Hinsehen sind auch diese Vorgänge sehr ähnlich. Beides sind Kausalketten, bei denen am Ende neuronale Aktivierungen im Gehirn notwendig dafür sind, dass sich mir die externen Tatsachen so darstellen.

Und auch die Tatsache, dass Erinnerungen die Wirklichkeit oft falsch oder verzerrt wiedergeben, findet ihre Entsprechung in der Wahrnehmung. Wie zum Beispiel visuelle Illusionen zeigen, sind unsere Wahrnehmungen nicht nur davon bestimmt, wie die Dinge wirklich sind, sondern auch von internen Mechanismen; und zwar oft solchen, die weniger auf Wahrheit aus sind, sondern mehr darauf, möglichst effiziente und nützliche Wahrnehmungen zu produzieren. Dazu blenden unser Wahrnehmungsapparat und unser Gehirn gerne so einiges aus und machen anderes gerade, obwohl es in Wirklichkeit vielleicht krumm ist. Genau wie bei der Erinnerung können wir uns also auch bei der Wahrnehmung nie mit letzter Gewissheit sicher sein, dass wir nicht solchen oder anderen Störungen unterliegen und uns irren. Aber bei der Wahrnehmung hält uns diese Möglichkeit von Fehlern nicht davon ab, zu glauben, dass zumindest manche Wahrnehmungen die Wirklichkeit richtig wiedergeben. Ich behaupte, die meisten Menschen würden in der gedachten Situation diesem Satz zustimmen: ‚Wenn ich nicht komplexen Störungen unterliege, gibt es meinen Freund wirklich und er steht wirklich vor mir – auch, wenn er vielleicht nicht genauso aussieht, wie ich ihn wahrnehme'. Das Argument von der Ähnlichkeit von Erinnerung und Wahrnehmung besagt nun, dass wir, wenn es die Vergangenheit noch gibt, über die Erinnerung genauso denken sollten: ‚Wenn ich nicht komplexen Störungen unterliege, gibt es den gestrigen Abend mit meinem Freund wirklich und wir waren wirklich zusammen beim Italiener – auch, wenn vielleicht nicht alles genauso war, wie ich mich jetzt erinnere'.

Wenn wir diesem Argument glauben, dann ergibt sich eine andere Sichtweise auf die Realität der Vergangenheit in unseren Erinnerungen. Wir sind dann – manchmal, wenn nichts schiefgeht – in unserer

Erinnerung mit wirklich existierenden, externen und in der Vergangenheit liegenden Dingen verbunden.

2. **Was hat Erinnerung mit der Integration der vergangenen Versionen von mir als Teil der aktuellen Version zu tun?**

Wenn es stimmt, dass unsere Erinnerungen uns manchmal mit real existierender Vergangenheit verbinden, können wir die Tatsache, dass unsere vergangenen Versionen ein noch existierender, unsere persönliche Identität mitbestimmender Teil von uns sind, manchmal richtig spüren. Eindrücklich beschrieben wird das in dem "Book of the New Sun" von Gene Wolf, in dem der Hauptcharakter kurz vor dem Ende des vierten Buches, zusammen mit der Leser:in, die ja in den ersten drei Büchern diese Episoden lesend erlebt hat, auf seine Erfahrungen zurück blickt – insbesondere auf die Momente aus dem Anfang des ersten Buches, als er noch ein Kind war:

„My memories have always appeared with the intensity, almost, of hallucinations, as I have said often in this chronicle. That night I felt I might lose myself forever in them, making of my life a loop instead of a line; and for once I did not resist the temptation but reveled in it. Everything I have described to you came crowding back to me, and a thousand things more. I saw Eata's face and his freckled hand when he sought to slip between the bars of the gate of the necropolis, and the storm I had once watched impaled on the towers of the Citadel, writhing and lashing out with its lightnings; I felt its rain, colder and fresher far than the morning cup in our refectory, trickle down my face".[16]

Angesichts der oben umfänglich erwähnten Schwierigkeiten mit der Erinnerung und ihrer Zuverlässigkeit will ich nicht davon ausgehen, dass solche Momente, in denen ich meine Vergangenheit intensiv und wahrheitsgemäß spüre, notwendige Identitätsbedingungen dafür sind, dass meine Vergangenheit ein Teil von mir ist. Solche wahren

---

[16] (Wolfe 1982, S. 211).

Erfahrungen in der Erinnerung sind vielleicht nicht weit verbreitet, und ich will trotzdem behaupten können, dass meine Vergangenheit ein Teil von mir ist, auch, wenn ich einfach meine Kinder von der Schule abhole und nicht an die Vergangenheit denke. Es gibt ja auch noch ganz andere Aspekte, die mich eng mit meinen vergangenen Versionen verbinden, und die dadurch als Teil der Identitätsbedingungen für mein gegenwärtiges, meine vergangenen Versionen enthaltendes, Ich herhalten können: Ich bin im komplexen biologischen Prozess des menschlichen Körpers mit meinen vergangenen Versionen verbunden, ich teile in der Regel die gleichen Wertvorstellungen wie meine vergangenen Versionen, ich lebe in den gleichen sozialen Geflechten, sie haben mich durch ihre Entscheidungen bestimmt, etc. Wie oben schon gesagt will ich mich nicht darauf festlegen, was genau die Bedingungen dafür sind, dass es mich gerade jetzt mit meinen vergangenen Versionen als Teilen von mir gibt. Vielleicht spielen wahrheitsgemäße Erinnerungen eine zentrale Rolle, vielleicht sind sie nur ein Faktor unter vielen.

Ein allerletzter Punkt sollte hier noch erwähnt werden: Dass in der Regel meine vergangenen Versionen, wegen der Erinnerung, wegen des Körpers, wegen gleicher Werte, weil sie mich durch ihre Entscheidungen bestimmt haben etc., ein Teil von mir sind, bedeutet nicht, dass das immer der Fall sein muss. Es ist in dieser Vorstellung der persönlichen Identität durchaus denkbar, dass es zwar auf den ersten Blick noch so scheint, als wären vergangene Versionen einer Person Teile einer neuen Person, aber es ist in Wirklichkeit gar nicht so. Zum Beispiel, wenn zwar die neue Version den gleichen Körper hat, aber andere Erinnerungen. Oder, wenn es einen Wandel ‚vom Saulus zum Paulus' gab, und die neue Version nicht mehr durch gemeinsame Wertvorstellungen so mit älteren Personen verbunden ist, dass diese Teile der neuen Person sind. Wir würden diese Fälle auf den ersten Blick als ‚Identitätswechsel' bezeichnen, weil die verschiedenen Identitätsbedingungen, die wir intuitiv anlegen, nicht mehr alle das gleiche Ergebnis bringen. Welcher dieser Fälle wirklich denkbar ist, hängt von der in diesem Buch nicht abschließend beurteilten Frage ab, welche der Identitätsbedingungen wir wirklich gelten lassen. Aber im Prinzip hat der hier vorgestellte Ansatz keine Probleme mit diesen Fällen: Es gibt sowieso in jedem Moment eine neue Person, und wie diese neuen Personen in Sonderfällen durch komplexere Teil-oder-nicht-Teil-Beziehungen mit Personen aus vorangegangenen Zeiten verbunden sind, kann flexibel gestaltet werden.[17]

---

[17] Es scheint mir nichts dagegen zu sprechen, dass auch Derek Parfits berühmte ‚Fission-Cases', in denen aus einer Person durch ungewöhnliche Umstände zwei Personen werden, mit diesem Ansatz unproblematisch behandelt werden können; die beiden verschiedenen neuen Versionen haben einfach beide die Vorgängerversionen als Teile. Dass das unproblematisch ist, liegt am Ende daran, dass es in diesem Ansatz sowieso keine Persistenz von einer Person durch die Zeit gibt, sondern nur eine – ontologisch durch echte Teil-Ganzes-Beziehung besonders enge – Verbindung zwischen verschiedenen Personen.

Teil II

Neue lebensweltliche Argumente für die Existenz der Vergangenheit

7
Die Gegenwart ist zu klein für ein sinnvolles Leben

Im ersten Teil des Buches haben wir wichtige Ausgangsfragen geklärt: Wofür und wogegen wird argumentiert werden? Was ist der Stand der Diskussion? Wie kann die Diskussion durch eine neue Weise zu argumentieren bereichert werden? Welche Denkweise zur persönlichen Identität will ich verwenden? Nun wird es endlich Zeit für die Argumente!

Was spricht – lebensweltlich gesehen – dafür, dass es die Vergangenheit noch gibt?

Das erste Argument, und auch das im nächsten Kapitel folgende zweite Argument, sind als *reductio ad absurdum* des Gegenteils zu verstehen. Damit ist gemeint, dass gezeigt wird, dass die gegenteilige Annahme – also die Annahme, dass es die Vergangenheit nicht mehr gibt – zu Konsequenzen führt, die wir lebensweltlich nicht einfach akzeptieren können.

Im ersten Argument ist diese inakzeptable Konsequenz, dass wir, wenn es die Vergangenheit nicht gibt, kein sinnvolles, von Werten erfülltes Leben haben können. Oder, in den Worten von Bob Dylan in dem Song „To Ramona": „If you really believe that, you know you have nothing to win and nothing to lose".[1]

Die Kleinheit der Gegenwart

Es ist unklar, wie lange eigentlich die Gegenwart dauert. Wenn man die Zeit mathematisch als durch die rationalen oder die reellen Zahlen beschriebenes Kontinuum versteht, dann ist jeder Zeitpunkt unendlich klein, und hat eine Dauer von Null. Aber in der Philosophie sind wir nicht streng an solche Abstraktionen gebunden, und es ist möglich, dass wir davon ausgehen, dass die Gegenwart eine Länge von mehr als Null hat. In der Philosophie wird das als ‚specious present' bezeichnet, als ausgedehnte Gegenwart, und meint in der Regel die Zeitspanne, die wir in unserem Erleben als Gegenwart bezeichnen würden. Wie lange diese Zeitspanne ist, wird auf ganz verschiedene Weisen experimentell oder phänomenologisch – also eher durch Introspektion – untersucht. William James, der den Begriff geprägt hat, nimmt in „The Principles of Psychology" an, dass der Kern der Jetzt-Erfahrung ca. 12 s lang ist.[2] Modernere Schätzungen ergeben in der Regel kürzere Zeitspannen als das. Mein Sohn sagt, ein Augenblick ist die Zeit zwischen zwei Mal blinzeln.

Die Schwierigkeit bei der Erhebung liegt darin, dass nicht ein klar definiertes Ereignis gemessen werden soll, sondern ein Gefühl. Und nicht mal ein sehr klar benennbares Gefühl wie Schmerz, sondern ein sehr hintergründiges und irgendwie paradoxes Gefühl von der Art ‚Ist Jetzt noch Jetzt, oder ist der Anfang schon in der Vergangenheit?'.

Für eine Unterstützer:in des Präsentismus ist nun die Frage: Was zählt als Gegenwart, die das ist, wo alles, was existiert, enthalten sein muss? Wenn man ganz genau hinsieht, wird die Frage kompliziert[3], weil man erstmal definieren muss, wie ‚Dauer' im Präsentismus zu verstehen

---

[1] (Dylan 1964).
[2] (James 1890, Kapitel 15).
[3] Siehe z. B. (Gentry 2021).

ist. Aber im Grunde ist die Frage klar: Wenn Präsentismus – wie wir oben festgehalten haben – die These ist, dass es nur die Gegenwart gibt, und die Gegenwart sich verändert, dann dürfen eine Menge Dinge, Fakten, Gegenstände, Ereignisse etc. die es einmal gegeben hat, nicht mehr existieren. Wenn ich frage, welche Dinge etc. es alle nicht mehr gibt, kann ich eine grobe Abschätzung geben, wie lange die Gegenwart dauert – die Dauer ist das kleinste Zeitintervall vor dem Jetzt, zu dem mir ein nun nicht mehr existierendes Ding einfällt. Wenn z. B. der Anblick der Kaffeetasse vor 5 s mir sicher als nicht mehr gegenwärtig erscheint, dann kann die Gegenwart maximal 5 s lang sein.

Die erste, kürzeste, Option ist, dass der Präsentismus sagt, dass es nur die Dinge gibt, die es an einem unendlich kleinen mathematischen Punkt gibt, der einem bestimmten Wert der Zeit-Variable entspricht. Die zweite, längere, Option ist, zu sagen, dass es die Dinge etc. gibt, die in der ausgedehnten Gegenwart als gegenwärtig erlebt werden können. Sagen wir, das sind ca. 12 s. Eine dritte, längste, Option wäre es, zu sagen, ein ganzer Tag zählt als Gegenwart. Mir ist kein Beispiel eines Präsentismus bekannt, der einen ganzen Tag als Gegenwart wählt, und es widerspricht vielen unserer Erfahrungen, weil wir uns ja abends in der Regel an den Morgen als Vergangenheit erinnern. Eine gewisse Rechtfertigung hätte es aber, zumindest poetisch gesehen, weil wir einen Tag irgendwie als ‚Einheit' verstehen, in dem die verschiedenen Ereignisse ein bisschen synergetisch zusammenwirken, um ein Gesamtbild zu erzeugen, zum Beispiel, wenn wir abends sagen ‚was für ein Tag! Erst ist X passiert, und dann auch noch Y'. Die Nacht ist dann eine Art Neustart. Ich habe die Version des Präsentismus, in der ein ganzer Tag existieren darf, bewusst großzügiger als alle mir bekannten Denkweisen gewählt, um nicht den Eindruck zu erwecken, dass eine strenge Auslegung zu der *reductio ad absurdum* führt.

Was macht unser Leben sinnvoll?

Es gibt viele Arten, diese Frage zu verstehen. Ich will im Folgenden eine unkontroverse Sichtweise verwenden: Unser Leben ist sinnvoll, weil es gute Dinge gibt, die in unserem Leben passieren; Werte wie (in zufälliger Reihenfolge) Glücksgefühle, liebevolle Beziehungen, Erkenntnis, Schönheit und Kunst, Spiritualität oder moralisches Handeln.

Nicht jede Person wird alle diese Dinge im eigenen Leben realisieren können. Verschiedene Personen werden verschiedene Dinge von dieser Liste relevanter für das eigene Leben finden als andere. Die Liste ist sicher nicht vollständig. Und es gibt sehr viele verschiedene Arten, wie der eine oder andere Wert sich in verschiedenen Leben manifestieren kann: Erkenntnis z. B. kann durch wissenschaftliche Tätigkeit, durch investigativen Journalismus, durch Selbsterkenntnis aus tiefer Introspektion und auf viele andere Weisen geschehen. Schönheit und Kunst kann durch Naturerlebnisse, durch eigene künstlerische Tätigkeit, durch poetische Gedanken, die nie aufgeschrieben werden oder auf viele andere Weisen geschehen. Und so weiter. Durch diese Vielfalt und Unvollständigkeit hat die hier verwendete Denkweise über ein sinnvolles Leben viele Anknüpfungspunkte und ist auch keine despotische Engführung, bei der andere Menschen einer Person sagen, wie sie ihr Leben zu leben hat.[4]

Ich vermute, auf Basis von vielen Gesprächen dazu, dass die meisten Menschen sowohl rückblickend auf ihr bisheriges Leben, wie auch planend in die Zukunft blickend, ein gelingendes Leben wesentlich davon abhängig machen, ob solche Werte erreicht werden oder nicht; man begibt sich zum Beispiel in sozialen Kontakt mit Menschen, um Beziehungen zu knüpfen, oder man blickt zurück auf das letzte Jahr und denkt ‚das war gut, ich habe sehr viel Zeit mit meiner geliebten Ehefrau verbracht'; oder man beginnt ein Studium der Physik, mit dem Ziel, mehr über die Natur zu lernen und man blickt nach dem Abschluss zufrieden zurück und denkt ‚das war gut, ich habe sehr viel verstanden'.

Natürlich setzt diese Sichtweise voraus, dass unser Leben überhaupt sinnvoll sein kann, und dass es – unabhängig davon, wie genau sie philosophisch verstanden und verankert werden – Werte wirklich gibt. Aber wenn man das nicht annimmt, dann bekommt man, denke ich,

---

[4] Ich habe diese Gedanken in einem leicht lesbaren deutschsprachigen Buch (Andrae 2018) und in einem englischsprachigen, akademischeren Artikel (Andrae 2022) in mehr Detail dargelegt.

ganz andere und noch viel drastischere lebensweltliche Probleme als nur die Frage, ob es die Vergangenheit noch gibt oder nicht; deswegen werde ich mich mit der skeptischen Position, dass das Leben gar nicht sinnvoll sein kann, nicht weiter beschäftigen.

Kann die Gegenwart die Werte enthalten, die das Leben sinnvoll machen?

Das Einzige, was sinnvoll sein kann, ist das, was existiert. Damit also mein Leben sinnvoll sein kann, muss es, wenn Werte ein wesentlicher Teil eines sinnvollen Lebens sind, diese Werte enthalten. Wenn die Vergangenheit nicht existiert, muss also die Gegenwart diese Werte enthalten.

Teilweise ist es offensichtlich, dass das so ist. Wenn ich in der Gegenwart geliebter Menschen bin, ist mir die liebevolle Beziehung unmittelbar präsent. Wenn ich konzentriert über einem mathematischen Buch sitze und mir die komplexen Zusammenhänge zum ersten Mal klarer werden, ist mir die Erkenntnis unmittelbar präsent. Wenn ich im Winter gemütlich unter einer Decke auf dem Sofa sitze und ein toller Film gleich anfängt, ist mir eine bestimmte Art von Glücksgefühl unmittelbar präsent. Und wenn ich mich nicht so wichtig nehme, sondern allein zum Wohl einer anderen Person eine Hilfe erbringe, ist mir mein gutes Gewissen und mein moralisches Handeln manchmal unmittelbar präsent.

Aber was ist, wenn ich gerade nichts davon tue? Oft sitze ich auch müde im Zug, denke an nichts Besonderes, sondern starre nur in mein Handy und lese eher wenig interessante Artikel im Internet, einfach damit die Zeit vergeht. Oder ich sitze in der Bibliothek über einem komplizierten Buch und versuche einen Sachverhalt zu verstehen, aber es gelingt mir gerade gar nicht. Auch in dem eher unwahrscheinlichen Fall, dass ein ganzer Tag als existierende Gegenwart gezählt wird, ist es zwar so, dass es uns öfter gelingt, im Laufe eines Tages wertvolle Dinge ‚unterzubringen', aber es gibt im Leben jeder Person Tage, an denen das nicht so ist.

Diese offensichtlichen Beobachtungen machen auf den ersten Blick Probleme für ein sinnvolles Leben, wenn nur die Gegenwart existiert. Einfach, weil es so scheint, dass sich kaum genug Werte für ein sinnvolles Leben in der Gegenwart unterbringen lassen und damit im Präsentismus unser Leben oft sinnlos ist.

Wie kann man diese Schlussfolgerung umgehen, ohne die Existenz der Vergangenheit anzunehmen? Eine Art ist es, zu behaupten, dass viele Werte in der Gegenwart nicht aktiv, aber als eine Art ‚Bereitschaft' – in der Philosophie würde man sagen als ‚Disposition' – trotzdem vorhanden sind. Ich will im Folgenden die verschiedenen Arten von Werten hinsichtlich dieser Sichtweise einzeln betrachten, weil sich ein diverses Bild ergibt:[5]

- Für Glücksgefühle erscheint es klar, dass eine reine ‚Bereitschaft' (Disposition), Glück zu empfinden, wenn die Umstände anders wären als sie es jetzt sind, kein eigener Wert ist und damit auch nicht zum Sinn des Lebens beitragen kann. Wenn ich also Glücksgefühle für einen wichtigen Sinn des Lebens halte, dann wirkt das Problem der Kleinheit der Gegenwart mit voller Kraft: Wenn ich gerade nicht glücklich bin, und das ist für alle Menschen oft der Fall, ist mein Leben in diesen vielen Momenten in dieser Hinsicht nicht sinnvoll.
- Für liebevolle Beziehungen erscheint es auf den ersten Blick ähnlich: Wenn diese damit zu tun haben, dass man die Liebe spürt, dann ist dieser Wert oft nicht präsent. Die Aussage ‚ich liebe in dem Sinne, dass ich, wenn ich an eine andere Person denken würde, eine Liebe empfinden würde, aber ich denke gerade nicht an eine andere Person' ist nicht geeignet, den Wert einer gelebten liebevollen Beziehung in einer flüchtigen Gegenwart zu verankern.

---

[5] Die Spiritualität, die in der Liste oben auch als eigener potenziell sinnstiftender Wert vorkommt, habe ich in dieser Aufzählung ausgelassen, weil dieser Wert sehr vielfältig ist – meiner persönlichen Einschätzung nach kann hier die Demut eine wichtige Rolle spielen, aber es gibt sicher auch viele andere Formen. Manche von diesen können vielleicht gut als Disposition funktionieren, aber oft gehört schon auch eine aktive Tätigkeit dazu, dass der Wert der Spiritualität wirklich anwesend ist.

7 Die Gegenwart ist zu klein für ein sinnvolles Leben

- Wenn Erkenntnisse auch als Fähigkeiten verstanden werden – zum Beispiel, weil ich verstanden habe, wie ein Motor funktioniert, weil ich ihn bauen, erklären und reparieren kann – dann erscheint es gut denkbar, dass die Werte dieser Erkenntnisse dauerhaft sind: Wenn ich gerade eine Fremdsprache, die ich gut beherrsche, nicht spreche oder eine Theorie, die ich gut kenne, nicht anwende, erscheint es richtig, zu sagen, dass die Erkenntnis trotzdem in der Gegenwart anwesend ist, und damit in der Gegenwart mein Leben sinnvoll macht.
- Für Schönheit und Kunst erscheint die Sache wieder eher problematisch: Ästhetische Erlebnisse, wie ein Konzert, ein Spaziergang am Strand oder ein besonders gutes Essen, sind ihrer Natur nach eher flüchtig. Allein die Aussage, dass ich in mir die Bereitschaft trage, zum Beispiel durch eine erhöhte Sensibilität und Aufmerksamkeit, diese Erlebnisse auch wirklich zu erfahren, stellt noch keinen großen Wert da. Ein Leben in einer Betonwüste, das von einer Person gelebt wird, die besonders geeignet wäre, die Naturschönheit zu erleben, dies aber nie tut, ist nicht sinnvoller als das Leben anderer Personen in der gleichen Betonwüste, die diese besondere Eignung nicht haben. Und es erscheint widersinnig zu denken, dass eine Künstler:in, die zwar die gleiche Kreativität in sich trägt wie andere Künstler:innen, diese aber nie in künstlerischer Produktion zum Ausdruck bringt, durch die Kunst den gleichen Beitrag zu einem sinnvollen Leben erlebt wie eine Person, die diese Kreativität auch auslebt.
- Für die Moral gibt es eine Sichtweise, die klar dafür spricht, dass sie einen Wert darstellen kann und somit zum Sinn meines Lebens beitragen kann, auch wenn ich gerade nicht moralisch handle: Die Tugendethik. Die Idee ist hier, ganz grob gesprochen, dass mein moralischer Wert darin besteht, dass ich gewisse Charaktereigenschaften habe, auf Basis derer ich, wenn die Welt mich dazu auffordert, moralisch handeln würde.[6] Auch, wenn ich gerade nicht jemand

---

[6] Siehe z. B. „A virtue is an excellent trait of character. It is a disposition, well entrenched in its possessor" (Hursthouse und Pettigrove 2022) oder (Annas 2011), wo die Sichtweise auf Tugenden als Fähigkeiten argumentativ dargelegt wird.

Verletzten treffe oder gerade nicht in einer Menschenmenge bin, die diskriminierende Parolen ruft, ist die Tatsache ein Wert, dass ich eine Person bin, die sicherlich Verletzten helfen würde und die sich sicherlich nicht an diskriminierenden Parolen beteiligen würde. Und dieser Wert kann mein Leben sinnvoll machen. Gleichzeitig bleibt ein bisschen ein schaler Beigeschmack bei dieser Sichtweise: Ist nicht ein Leben, in dem ich sehr viel aktiv geholfen habe, noch wertvoller als ein Leben, in dem ich zwar die gleiche Person mit dem gleichen, moralischen Charakter war, aber selten in eine Situation geraten bin, in der Hilfe notwendig war? Schon allein, weil das letzteres Leben sehr viel weniger Zeit und Energie von mir benötigt, und ich daher mehr als eine Person, die sehr viel geholfen hat, viele andere sinnvolle Tätigkeiten in meinem Leben unterbringen konnte. Meiner Einschätzung nach ergibt sich ein gemischtes Urteil: Mein moralischer Charakter kann als reine Bereitschaft, als Disposition, ein Wert sein, auch wenn er gerade nicht benötigt wird, aber der Wert ist geringer, als wenn ich gerade aktiv helfe.

Der Ansatz, dass Werte als Bereitschaften – als Dispositionen – in der Gegenwart anwesend sind, und so unser gegenwärtiges Leben auch in Phasen sinnvoll machen, in denen auf den ersten Blick wenige Werte anwesend sind, hat ein gemischtes Bild ergeben: Für Erkenntniswerte scheint das gut denkbar, für moralische Werte teilweise, für alle anderen eher weniger.

Für die anderen Werte sind aber vielleicht noch andere Auswege denkbar:

Man könnte für Glücksgefühle sagen, dass zwar nicht aktiv erlebtes Glück, aber eine Art basale Zufriedenheit im Hintergrund immer präsent sein kann, und so mein Leben wertvoll macht. Dann muss ich zwar, wenn es die Vergangenheit nicht mehr gibt, damit klarkommen, dass starke Glücksgefühle, die in der Vergangenheit mein Leben manchmal sinnvoll gemacht haben, jetzt einfach weg sind und nichts mehr zum Sinn meines Lebens beitragen, aber ich kann, wenn es gut für mich läuft, immerhin ein bisschen Glück in Form von Zufriedenheit so empfinden, dass es immer in der Gegenwart anwesend ist.

Für die Liebe könnte man argumentieren, dass sie nicht so sehr als Gefühl, sondern vor allem als Verbundenheit mit geliebten Menschen – als ‚ich wäre nicht ich, wenn es Dich nicht gäbe' – zu verstehen ist. Dann wäre sie automatisch immer dann anwesend, wenn man diese existentielle Relation zu einer anderen existierenden Person hätte, egal ob man gerade an sie denkt oder nicht.[7]

Es gibt aber ein weiteres, noch schwerwiegenderes Problem für die sich aus dem Präsentismus ergebende Sichtweise, dass nur Werte in der Gegenwart ein Leben sinnvoll machen können: Es gibt viele Szenarien, in denen mir ein Wert in meinem Leben nicht nur so abhandenkommt, dass er gerade nicht in der Gegenwart ist, aber bald wieder da sein wird, sondern so, dass er langfristig und möglicherweise für immer für die Zukunft unmöglich wird:

- Ich kann aus medizinischen Gründen, zum Beispiel durch eine Depression, meine Fähigkeit dazu, Glück zu erleben, weitgehend verlieren. Das kann zwar, gottseidank, oft erfolgreich behandelt werden, aber wenn das nicht so ist, habe ich, auch wenn bis dahin mein Leben von viel erlebtem Glück geprägt war, keine Chance mehr, den Wert Glück als sinngebend in mein nur in der Gegenwart existierendes Leben zu integrieren. Es kann auch – weit weniger drastisch – sein, dass sich meine Lebensumstände, zum Beispiel durch einen Umzug, so ändern, dass ich ab dann im Rest meines Lebens nicht mehr so glücklich bin wie zuvor.
- Liebevolle Beziehungen können enden, entweder durch den Tod von geliebten Personen oder dadurch, dass man sich trennt. Auch, wenn die Beziehung davor jahrzehntelang bestanden hat, habe ich sie danach nicht mehr als Wert zu Verfügung, der meinem Leben Sinn gibt, weil es die Beziehung in der Gegenwart nicht mehr gibt.
- Erkenntnisse können verloren gehen, zum Beispiel, wenn ich zehn Jahre nach Ende eines Studiums nicht mehr in der Lage bin, die ge-

---

[7] Ich finde diese Sichtweise sehr überzeugend, aber sie wird ein ganz anderes Problem mit dem Präsentismus bekommen, was in Kap. 8 dargestellt werden wird.

lernten und damals beherrschten Theorien zu durchdringen. Oder ich werde älter und bin einfach nicht mehr so geistesscharf, wie ich es früher war.
- Meine Fähigkeit zur Wahrnehmung von Kunst und/oder meine eigene Kreativität kann sich mit der Zeit so abstumpfen, dass ich nicht nochmal so tiefe Erfahrungen erleben oder Werke erschaffen werde wie früher.
- Meine Möglichkeiten, moralisch zu handeln, können langfristig oder permanent eingeschränkt werden. Ein Beispiel könnte eine Politiker:in sein, die – nehmen wir an – sehr viele positive Dinge erreicht hat, die medizinische Versorgung von Millionen Menschen verbessert hat, Gesetze auf den Weg gebracht hat, um Diskriminierung effektiv zu bekämpfen, etc. Wenn diese Politiker:in nun, vielleicht wegen nicht kontrollierbarer Machtkämpfe oder einfach, weil es Obergrenzen für Mandatszeiten gibt, ihr Amt verliert, dann kann sie diese moralischen Handlungen nicht fortsetzen. Ihre vergangenen Errungenschaften sind damit nicht mehr wiederholbar und das moralische Handeln ist damit ab jetzt für den Sinn ihres Lebens in der Gegenwart nicht mehr so realisierbar wie zuvor.

Die Intention all dieser Beispiele für den Verlust von Werten ist es nicht, zu sagen, dass in diesen Fällen gar kein sinnvolles Leben mehr möglich wäre. Man kann – und sollte wahrscheinlich auch – sich nach dem Ende einer sinnvollen Tätigkeit eine neue suchen. Die Intention ist es aber, zu sagen, dass im Präsentismus all diese vergangenen Werte aus den Beispielen für den Sinn des Lebens unwiederbringlich verloren gehen. Wir sind im Präsentismus also bei dem Versuch, ein gelungenes Leben zu leben, bildlich gesprochen, in der Situation, dass hinter uns immer alle sinngebenden Werte die Tendenz haben, wegzubrechen, und wir – trotz Änderungen und vielleicht trotz Schicksalsschlägen – immer wieder versuchen müssen, uns neue Werte aufzubauen, um sagen zu können, dass unser Leben sinnvoll ist.

Zusammenfassend ist damit die reductio fertig: Wenn wir annehmen, dass die Vergangenheit nicht existiert, ist es in den allermeisten Momenten so, dass der volle Sinn meines Lebens nicht anwesend ist. Erstens, weil die Gegenwart so klein ist, dass viele Werte, die mein Leben sinnvoll machen können, in dieser gar nicht alle gleichzeitig anwesend sein können, und zweitens, weil alle einmal erreichten Werte immer die Tendenz haben, für immer wegzubrechen und damit mein Leben zumindest eine Zeit lang sinnlos zu machen; bis ich es hoffentlich geschafft habe, neue Werte aufzubauen – neue liebevolle Beziehungen, neue Erkenntnisse, neue ästhetische Praktiken, neue moralische Beschäftigungen etc. Diese Sinnlosigkeit macht es lebensweltlich sehr schwer, zu glauben, dass die Vergangenheit nicht existiert.

Wie sieht der Sinn des Lebens aus, wenn es stattdessen die Vergangenheit noch gibt?

Diese Frage werden wir teilweise auch in den nächsten Kapiteln beantworten, aber was die Anwesenheit von Werten angeht, kann man hier schon festhalten: Wenn es die Vergangenheit noch gibt, dann ist sie der Speicher, in der der Großteil der Werte unseres Lebens aufgehoben sind. Das erlebte Glück beim besten Abendessen meines Lebens letztes Jahr; die liebevolle Beziehung zu inzwischen verstorbenen Menschen; die großen Einsichten, die ich hatte; die Bühnenauftritte meiner Band, bei denen einfach alles künstlerisch zusammengepasst hat; das viele Gute, was ich vor meiner Pensionierung als Ärzt:in tun konnte. All das bleibt. Genau wie die Momente, in denen diese Werte sich manifestierten: Ich liege immer noch als Baby auf dem Arm meiner Mutter, mein Vater singt mir immer noch Gute-Nacht-Lieder vor, ich küsse immer noch meine Ehefrau zum ersten Mal, ich sitze immer noch in Gedanken an die Philosophie zum ersten Mal Kant verstehend in der Bibliothek, ich erlebe immer noch die Gedichte von Issa zum ersten Mal und bin von ihnen bewegt.

Eine besonders eindrückliche Formulierung, wieso die Existenz der Vergangenheit dem Leben Sinn schenkt, findet sich bei Viktor Frankl, der 1947 schreibt:

> „Ich habe die Frage, wie sich ein „Optimist der Vergangenheit" zu Pessimisten verhält, einmal an folgendem Gleichnis klarzumachen versucht: Der Pessimist gleicht einem Manne, der vor einem Wandkalender steht

und wehmütig zusieht, wie dieser Kalender – von dem er täglich ein Blatt abreißt – immer schmächtiger und schmächtiger wird. Der Optimist hingegen gleicht einem, der das Kalenderblatt, das er jeweils entfernt, fein säuberlich auf die bisher abgenommenen Blätter legt, sich auf der Rückseite Notizen macht darüber, was er an diesem Tag getan oder erlebt hat, und nicht ohne Stolz auf die Gesamtheit dessen zurückblickt, was da alles in diesen Blättern festgelebt – was alles in diesem seinem Leben „festgelebt" ist.

[…].

Stellen Sie sich doch bloß einmal vor, eine Kriegerwitwe wäre verzweifelt und hielte ihr künftiges Leben für sinnlos, eben weil sie ihren Mann verloren und vielleicht nur ein einziges Jahr des Eheglücks erlebt hat. Was muss es ihr doch bedeuten, zu hören und zu wissen, dass sie immerhin dieses Jahr reinen Glücks „hinter sich gebracht" hat, *dass sie es hineingerettet hat ins Vergangensein, wo es geborgen ist „für alle Zeit", und dass ihr nichts und niemand mehr die Tatsache, es eben nun einmal erlebt zu haben, nehmen kann.* Nun könnte einer fragen: Wer wird nach dem Tode dieser Frau die Erinnerung an ihren Mann und an ihr Glück „lebendig" erhalten? Dazu wäre nun folgendes zu sagen: Ob sie oder überhaupt jemand erinnernd daran zurückdenkt oder nicht, das ist ebenso unwesentlich, wie es unwesentlich ist, ob wir an etwas, was neben uns noch besteht, denken oder auf es hinblicken, oder nicht: es besteht *unabhängig* von unserem Bewusstsein."[8]

Man sieht klar, dass bei Frankl in dieser sehr anschaulichen Beschreibung nicht nur die gleichen Argumente geteilt werden wie in diesem Kapitel, sondern, dass bei ihm auch die gleiche Vorstellung von der Existenz der Vergangenheit dahintersteht wie in diesem Buch. Es geht nicht um Erinnerung, sondern um die konkrete Existenz der Vergangenheit als ontologische Tatsache, die auch außerhalb unseres subjektiven Erlebens liegen kann. Wenn Ihnen bei dieser Vorstellung – dass der Sinn unseres Lebens von Dingen abhängig sein kann, die sich außerhalb unserer Subjektivität abspielen – Zweifel aufkommen, kann vielleicht dieses Bild ohne expliziten Bezug auf die Vergangenheit helfen: Man nehme an, die eine Person ist Teil eines Netzwerks von gegenseitig emp-

---

[8] (Frankl 1947, S. 43 f.).

fundenen liebenden Beziehungen, und eine zweite Person hat genau die gleichen subjektiven Erlebnisse wie diese erste, aber alle anderen Menschen sind unerkannt gefühllose Roboter oder Halluzinationen. Ich denke, wir würden alle sagen, dass die erste Person ein sinnvolleres Leben führt, auch wenn keine der beiden Personen diesen Sinn-Unterschied erkennen kann. Stellen Sie sich vor, Sie könnten wählen, welches der beiden Leben Sie – ohne Erinnerung an diese Auswahl – leben wollen: Wer würde absichtlich das zweite Leben wählen?

Schon der römische Dichter Horaz hat, als er ein glückliches Leben beschrieb, die Idee auf den Punkt gebracht, dass das sinnvolle Leben nicht so sehr von der kleinen Gegenwart und der unsicheren Zukunft abhängt, sondern in der – laut Horaz nicht mal von den Göttern veränderbaren – Vergangenheit gesichert ist:

> „Nur der lebt froh in selbstbewußter Wonne,
>   Der zu sich sagen kann: Ich hab' gelebt,
>   Ob Zeus mir morgen scheinen läßt die Sonne,
>   Ob er den Pol mit finst'rer Nacht umwebt.
>   Vereiteln kann er nicht vergang'ne Sachen,
>   Noch umgestalten, was dahinten liegt,
>   Und nimmer kann er ungeschehen machen,
>   Was einmal hat der Strom der Zeit entrückt."[9]

Klar ist aber auch, dass diese Sichtweise, in der es die Vergangenheit noch gibt, nicht bedeutet, dass wir nicht eine Verantwortung tragen, das Leben, das dann in der Vergangenheit gespeichert ist, in jeder neuen Gegenwart eben *gut* zu machen. Darum soll es vor allem in Kap. 9 gehen, aber davor geht es im nächsten Kapitel noch um ein ganz anderes lebensweltliches Problem des Präsentismus.

---

[9] (Horaz 23 v. Chr., Odes, Buch III, Ode 29, S. 200). Für den Hinweis, dass Horaz sich selbst mit dieser Lebensweise identifiziert, siehe (Hornsby 1958, S. 133): „We find Horace describing the man who is poised and therefore happy, which whom Horace identifies indirectly himself".

8

Die Gegenwart ist unfassbar einsam

Dieses Kapitel ist die zweite *Reductio ad Absurdum* des Präsentismus. Dieses Mal geht es darum, dass wir ohne die Annahme der Existenz der Vergangenheit nicht mit anderen existierenden Objekten, auch nicht mit anderen existierenden Personen, interagieren können. Die sich ergebende absolute Einsamkeit können wir lebensweltlich nicht akzeptieren, glaube ich.

Das Basis-Argument

Das Argument ist im Grunde sehr einfach: Kausale Ursachen gehen zeitlich ihren Wirkungen voraus. Im Präsentismus gibt es aber immer nur die Gegenwart. Daher kann nie etwas, was existiert, kausal auf mich einwirken, weil es mir dafür zeitlich vorausgehen muss und somit in der Vergangenheit liegt. Also bin ich immer alleine, ohne Fenster zum Rest der existierenden Welt, ohne Kontakt zur Außenwelt.

Um das Argument ein wenig besser zu verstehen, will ich jeden der vier Schritte etwas detaillierter besprechen:

1. **'Kausale Ursachen gehen zeitlich ihren Wirkungen voraus'.** Diese Eigenschaft wird von den allermeisten Definitionen von Kausalität unproblematisch vorausgesetzt. Die sich ergebende zeitliche Ordnung in Ursachen und Wirkungen ist ein Grundprinzip davon, wie wir die Welt verstehen, was zum Beispiel von den White Stripes in dem Song „Cause and Effect" zum Ausdruck gebracht wird:

> "Well you can't blame a baby
> for her pregnant ma
> And if there's one of these unavoidable laws
> It's that you just can't take the effect
> And make it the cause."[1]

Die Idee, dass Wirkungen zeitlich vor ihren Ursachen liegen könnten, führt theoretisch zu verschiedenen Paradoxien, ist in den allermeisten Kontexten nicht sinnvoll und muss nicht weiter diskutiert werden.

Aber was ist, wenn wir behaupten, Ursache und Wirkung passieren gleichzeitig? Das wäre ja das, was man bräuchte, damit das oben skizzierte Basis-Argument nicht mehr gültig ist. Eine erste Antwort kann man mit Verweis auf die Physik geben. Es scheint die sehr basale und experimentell extrem gut bestätigte Eigenschaft der Relativitätstheorie zu geben, dass kausale, informationstragende Wechselwirkungen sich nicht schneller als mit Lichtgeschwindigkeit ausbreiten können. Wenn das so ist, und wenn die Lichtgeschwindigkeit endlich ist, dann ist damit eine Gleichzeitigkeit von informationstragenden Ursache-Wirkung-Verhältnissen für alle Fälle ausgeschlossen, wo beide an verschiedenen Orten stattfinden sollen. Nachdem das lebensweltliche Problem ja ist, das ich im Präsentismus einsam bin, und nicht mit anderen existierenden Personen und Objekten in meiner Umgebung – also an anderen Orten – interagieren kann, scheint es eindeu-

---

[1] (The White Stripes 2007).

tig, dass für diese Fälle eine Gleichzeitigkeit von Ursache und Wirkung aus Sicht der Physik ausgeschlossen ist.[2]

Auch, wenn wir diese basale Eigenschaft der Physik philosophisch infrage stellen wollen würden, gibt es andere Gründe, warum für die Lebenswelt eine Gleichzeitigkeit von Ursachen und Wirkungen unwahrscheinlich erscheint: Denn die Prozesse, mit denen kausale Einwirkungen in lebensweltlichen Situationen bei uns als Menschen ankommen, laufen eigentlich immer über Mechanismen, die Zeit brauchen – in Unterhaltungen müssen Schallwellen mit vergleichsweise geringer Geschwindigkeit von einem Menschen zum anderen, beim Anblick muss das Licht von einer Person zur anderen, bei Berührungen müssen Nervensignale im Körper übertragen werden, und in allen Fällen muss danach auch noch in unserem Gehirn eine neuronale Verarbeitung geschehen, die eine endliche, wenn auch kurze, Zeit benötigt. Zumindest praktisch ist also sicher, dass die Wege, mit denen unsere Mitmenschen auf uns einwirken, Zeit brauchen und damit immer von Personen in der Vergangenheit ausgelöst werden.

2. **'Im Präsentismus gibt es aber immer nur die Gegenwart'.** Das hatten wir als Teil der Definition festgehalten. Wir hatten aber im letz-

---

[2] Interessanterweise wird eine Variante des Präsentismus – unter Rückgriff auf die spezielle Relativitätstheorie – in der Literatur, die dagegen argumentiert, auch als „temporal solipsism" bezeichnet, siehe z. B. (Le Poidevin 1991). Diese Bezeichnung geht zwar nicht mit starken lebensweltlichen Argumenten einher, aber dass das Wort ‚Solipsismus' lebensweltlich problematisch ist, wird auch bei dieser Wortprägung wahrscheinlich im Hintergrund gestanden haben. In dieser Diskussion geht es um Koexistenz überhaupt, und es wird behauptet, dass es in einer bestimmen Kombination von Präsentismus und spezieller Relativitätstheorie gar nicht einfach ist zu denken, dass es außer mir überhaupt andere existierende Dinge gibt. Das wird als – deutlich stärkere – *Reductio* formuliert, siehe z. B. (Balashov 2000): „The endurantist and the perdurantist would certainly want to construe coexistence (or the lack of it) differently. But no one of them would be willing to deny, on pain of solipsism, that she coexists with various objects – tables and chairs, as well as other persons". Gegen diese absurde Interpretation eines Präsentismus argumentiert z. B. William Lane Craig, indem er auf eine andere, empirisch äquivalente, Interpretation der speziellen Relativitätstheorie verweist als das Block-Universum vor. Minkowiski (siehe z. B. Craig 2008).

Keiner dieser Autoren würde aber meines Wissens nach bezweifeln, dass kausale Wechselwirkung, insbesondere im Kontext unserer Wahrnehmung anderer Personen, eine gewisse Zeit benötigt. Und das ist die – deutlich schwächere – These, die ausreicht, um die lebensweltliche *Reductio* durchzuführen, um die es oben im Text geht.

ten Kapitel auch drei verschiedene Varianten zugelassen, wie lange die Gegenwart ist. Erstens die, in der die Gegenwart wirklich nur wie ein mathematischer Punkt eine zeitlichen Ausdehnung von Null hat, zweitens eine an der Psychologie orientierte ausgedehnte Gegenwart von einigen Sekunden Dauer, und drittens – im Sinne eines maximalen Entgegenkommens an den Präsentismus – eine Variante, in der ein ganzer Tag als Gegenwart zählt. Für den nächsten Schritt des Arguments müssen wir diese drei Varianten auseinanderhalten.

3. **‚Daher kann nie etwas, was existiert, kausal auf mich einwirken'.** Wenn die Gegenwart nur die Dauer Null hat, ergibt sich diese Auswirkung automatisch aus der Beobachtung, dass die Ursache der Wirkung zeitlich voraus geht. Wenn aber die Gegenwart eine Dauer von einigen Sekunden hat, wird es komplizierter, weil wir es dann mit rollierenden Phänomenen zu tun haben; während einige Sekunden nach der ‚Spitze' der Gegenwart Dinge in die Nicht-Existenz wegbrechen, wachsen ‚vorne' Dinge dazu. Es scheint nun so, dass es unter bestimmten Umständen schon möglich wäre, dass etwas, das auf mich einwirkt, noch existiert: Wenn eine andere Person vor mir steht, an mich denkt und mich begrüßt, dann startet diese kausale Kette mit einem Gedanken dieser Person an mich, der dann in dieser Person zu einer Sprachäußerung führt, die dann als Schallwelle zu mir kommt, von mir wahrnehmend verarbeitet wird und schließlich bei mir als Gefühl des ‚Angesprochen-Seins' ankommt. Es ist denkbar, dass am Ende auch die ausgedehnte Gegenwart der anderen Person noch in einer Weise existiert, die als Ausgangspunkt des gleichen Ereignisses verstanden werden kann, das auf mich eingewirkt hat.

Diese Beschreibung ist aber angefüllt mit einer Menge Unsicherheiten: Es ist unklar, wie lange die erfahrene Gegenwart wirklich ist. Und es ist unklar, ob und wie man in einer solchen ausgedehnten Gegenwart eine kausale Ursache so verorten kann, dass dieselbe ausgedehnte Gegenwart innerhalb einer Person weiterexistiert, aber die kausale Wirkung schon außerhalb der Person abläuft.

Und es gibt eine Menge komischer externer Erfolgsbedingungen für eine so verstandene kausale Wechselwirkung von etwas Existierendem auf mich: Angenommen, die Psychologie käme zu dem Schluss, dass die Entscheidungen, die dann als kausale Ursachen fungieren können, immer ganz am Ende einer erfahrenen, ausgedehnten Gegenwart stattfinden, oder dass die erfahrene Gegenwart kürzer ist als gedacht und damit kürzer als die neuronalen Vorgänge einer Wahrnehmung, mit der eine Wirkung dann Teil meiner Gegenwart werden kann. In all diesen Fällen wäre dann plötzlich doch keine kausale Einwirkung von etwas Existierendem auf mich möglich.

Zu guter Letzt gibt es eine weitere merkwürdige Auswirkung dieser Beschreibung: Ob etwas wirklich Existierendes auf mich einwirkt oder nicht, hängt stark von der Übertragungsgeschwindigkeit des ‚Kanals' ab, über den diese Einwirkung passiert. Ab einer gewissen Verzögerung, zum Beispiel, wenn eine Telefonverbindung einige Sekunden braucht, oder durch eine kurze Ablenkung, bei der es einige Sekunden dauert, bis ich etwas aktiv wahrnehme, bestünde dieser sich lebensweltlich wichtig anfühlende Kontakt mit der existierenden Außenwelt plötzlich nicht mehr.

Zusammenfassend erscheinen mir die Unsicherheiten und Zufälligkeiten dieser Beschreibung zu groß, als dass sie stark genug wären, die kausale Einwirkung von existierenden Dingen auf mich zuverlässig zu garantieren.

Einfacher wäre das in dem Fall, dass ein ganzer Tag als existierende Gegenwart gewertet würde. Hier ist es sicher, dass in den allermeisten alltäglichen Fällen die Personen, mit denen ich bei einem Treffen oder auch am Telefon kausal interagiere, während der Interaktion noch existieren. Es gibt zwar auch hier etwas komische ‚Cut-offs', zum Beispiel würde es noch als kausale Interaktion mit etwas Existierendem zählen, wenn ich einen Brief bekomme, der vor 20 h abgesendet wurde, aber nicht mehr, wenn er vor 30 h abgesendet wurde. Oder wenn, zum Beispiel in einer interplanetaren Kommunikation, eine Nachricht mich wegen der Übertragungswege erst kurz nach Ablauf eines Tages erreicht. Aber diese Fälle sind deutlich weniger und in ihnen ist es lebensweltlich eher verkraftbar, dass ich dann wirklich nicht mit einer existierenden Person interagiere.

Eine genaue Diskussion dieser Fälle macht hier keinen Sinn, weil die Variante ‚ein ganzer Tag zählt als Gegenwart' ja auch von mir etwas beliebig als ungewöhnlich lange Gegenwart gewählt wurde, die meines Wissens von niemandem ernsthaft vertreten wird. Die Konsequenz ist aber klar: Nur in einer Variante des Präsentismus mit einer sehr ungewöhnlich langen Gegenwart ist eine zuverlässige kausale Einwirkung von wirklich existierenden Dingen auf mich gegeben. Das Argument aus diesem Kapitel gilt also streng genommen nur für die Varianten des Präsentismus mit einer vergleichsweise kurzen Gegenwart. Nachdem das aber die deutlich am meisten vertretenen Varianten sind, ist das Argument trotzdem wichtig.[3]

4. ‚**Also bin ich in der Gegenwart immer alleine, ohne Fenster zum Rest der Welt, ohne Kontakt zur Außenwelt**'. Dieser Schritt muss nochmal gesondert beschrieben werden, weil sich ja erst aus ihm die lebensweltlich problematische Konsequenz ergibt. Die ersten drei Schritte haben ergeben, dass es – außer vielleicht in einem Präsentismus mit ungewöhnlich langer Gegenwart – keine zuverlässige Weise gibt, anzunehmen, dass andere, existierende Dinge kausal auf mich einwirken. Damit ergibt sich – vice versa – auch, dass meine aktuellen Gedanken und Entscheidungen nie auf andere existierende Dinge einwirken können, solange meine Gedanken und Entscheidungen noch existieren. In beiden Fällen ist es so, dass – entweder durch externe Auslöser oder durch mich – eine Kausalkette angestoßen wird, dann der Auslöser aufhört zu existieren, und dann später die Auswirkung bei dem Empfänger ankommt, bei Personen vermutlich in den letzten Schritten der Kausalkette durch eine Vermittlung innerhalb des Gehirns. In der Gegenwart bin ich also immer in dem Sinne allein, dass bei mir Signale ankommen, und ich dann ganz privat und rein intern entscheiden muss, Signale abzusenden, um erst später

---

[3] Abgesehen von den lebensweltlichen Problemen, die in diesem Buch im Zentrum stehen, zeigt dieses Argument auf den ersten Blick auch, dass der Präsentismus ein Problem hat, für alle räumlich weiter ausgedehnten, kausal eng intern wechselwirkenden, Entitäten zu behaupten, dass es sie wirklich gibt – zum Beispiel für einen Staat oder einen Organismus. Weil die Vergangenheit immer in die Nicht-Existenz rutscht, verschwinden auch die Relata der kausalen Wechselwirkung immer wieder, und die Entität gerät in Gefahr, in einzelne unabhängig voneinander existierende Teile zu zerfallen.

durch neue und wieder privat zu interpretierende eingegangene Signale zu merken, was aus diesen Signalen geworden ist.[4]

Weil der Präsentismus in der Regel davon ausgeht, dass es Personen gibt, die durch die Zeit die gleichen bleiben, bedeutet das nicht, dass es nicht andere Personen neben mir gibt, sondern nur, dass ich nie in der Gegenwart mit ihnen interagieren kann. Im nächsten Abschnitt wird es darum gehen zu erläutern, warum das lebensweltlich problematisch ist.

Lebensweltliche Auswirkungen

In dem Gedicht „The Wasteland" schreibt der Dichter T. S. Eliot:

"I have heard the key
   Turn in the door once and turn once only
   We think of the key, each in his prison
   Thinking of the key, each confirms a prison"

Interessanterweise gibt Eliot hierzu selbst in den Notizen zu „The Wasteland", die in der Rezeption meist einfach als Teil des Gedichtes selbst verstanden werden und immer mit abgedruckt werden, eine Stelle des idealistischen Philosophen Bradley an:

"Also F. H. Bradley, Appearance and Reality, p. 346:

---

[4] Interessanterweise hat diese Sichtweise, ich vermute ganz konkret durch die Beschäftigung mit der allgemeinen Relativitätstheorie motiviert (siehe hierzu meine Beiträge zu „Physik" und „An Enquiry Concerning the Principles of Natural Knowledge" die ca. 2025 im Whitehead-Handbuch beim Metzler-Verlag erscheinen werden), dazu geführt, dass Alfred North Whitehead die Subjektivität im gegenwärtigen Augenblick genau so, als absolute ‚Privacy', auf die Vorgelagertes einwirkt, und die Nachgelagertes beeinflusst, beschrieben hat: „The creative process is rhythmic: it swings from the publicity of many things to the individual privacy; and it swings back from the private individual to the publicity of the objectified individual." (Whitehead 1929, S. 151). Zu der Frage, wie Whitehead die Gegenwart und die Vergangenheit beschreiben würde, werden wir am Ende des Buches nochmal zurückkehren.

> My external sensations are no less private to myself than are my thoughts or my feelings. In either case my experience falls within my own circle, a circle closed on the outside; and, with all its elements alike, every sphere is opaque to the others which surround it… In brief, regarded as an existence which appears in a soul, the whole world for each is peculiar and private to that soul."[5]

Diese textliche Nebeneinanderstellung eines Gefängnisses, in dem jeder Mensch alleine ist, und der Stelle von Bradley, bei der es darum geht, dass jeder Mensch mit seinen eigenen subjektiven Erfahrungen, Gefühlen und Gedanken ganz alleine ist, macht deutlich, dass Eliot dieses Szenario als bedrohlich und angsteinflößend versteht.

Und ein Stück weit ist dieses Szenario gegeben, wenn nur die Gegenwart existiert und ich nie mit anderen existierenden Personen interagieren kann. Wir sind alle, wenn es die Vergangenheit nicht gibt, wie einsame Astronauten in einem Raumschiff, wir setzen Funksprüche ab und warten auf Antworten, die, wenn sie bei uns ankommen, schon veraltet sind. In unserer alltäglichen Erfahrung ist es deutlich weniger schlimm als in einem Raumschiff weit weg von allen anderen, weil die Übertragungszeiten sehr viel schneller sind, und wir – zum Beispiel in einem Gespräch oder bei einer Berührung – sehr schnell gegenseitig aufeinander reagieren können. Aber es bleibt dabei, dass wir auch in diesen Fällen, wenn es die Vergangenheit nicht gibt, immer nur Signale von nicht mehr existierenden Sendern empfangen. Die Gegenwart besteht aus solitären, völlig alleinstehenden Personen, die nicht kausal miteinander verbunden sind und immer nur über verzögerte Nachrichten miteinander kommunizieren können.

Wir sind wie Wandernde in einem Schneesturm, wir finden immer wieder die Fußspuren der Anderen, und die Anderen finden unsere, aber treffen tun wir die Anderen nie.

---

[5] (Eliot 1922, S. 69 und 74).

Wie funktioniert die echte kausale Wechselwirkung, wenn es die Vergangenheit noch gibt?

Wie kann die Alternative, dass es die Vergangenheit noch gibt, ein besseres, viel substanzielleres und lebensweltlich positives Bild von ‚Zusammensein' zeichnen?

Die Antwort ergibt sich direkt aus der Vorstellung von persönlicher Identität aus Kap. 6. Zwei Personen, die in der Gegenwart miteinander sprechen, haben als Teile ihre vergangenen Versionen. Diese Versionen haben – natürlich auch zeitlich versetzt – immer wieder aufeinander eingewirkt, sei es im Verlauf des Gesprächs oder sogar im Verlauf einer langen, persönlichen Beziehung miteinander. Durch diese Einwirkungen sind die vergangenen Versionen eng kausal miteinander verflochten. Und diese ganze Verflechtung existiert als Vergangenheit noch, und ist Teil der beiden gegenwärtigen Personen. Damit können wir, viel besser als im Präsentismus, als wirklich existierende Wesen kausal miteinander verbunden sein.

Das führt uns noch einmal zurück zu einer Frage aus Kap. 7: Es gibt die Sichtweise, die ich auch vertrete, dass liebevolle Beziehungen nicht nur Gefühle, sondern auch eine Art ontologische Verbundenheit sind; im Sinne ‚Ich wäre gar nicht die Person, die ich bin, wenn es nicht die anderen, geliebten Personen gäbe'. Das bedeutet – philosophisch zu Ende gedacht – dass ich keine ‚Substanz' bin, kein Ding, was in seinem Sein von anderen Dingen unabhängig ist, sondern von Beziehungen abhänge, die mir nicht äußerlich sind, sondern mein Wesen selbst mitbestimmen.

Ich will hier nicht detailliert für diese Sichtweise der Liebe argumentieren, aber darauf hinweisen, dass sie eine enge Synergie mit der Existenz der Vergangenheit hat. Das macht auch nochmal klarer, was wir in diesem Kapitel lebensweltlich damit meinen, dass die Existenz der Vergangenheit dem Präsentismus weit überlegen ist, wenn es darum geht, ‚Zusammensein' zu denken. Denn mit dem Präsentismus hat diese Sicht der Liebe, wie wir gerade gesehen haben, ein Problem: Am Ende bin ich doch wieder – zumindest in der Gegenwart – eine Substanz, etwas, was ohne intrinsische kausale Verbindungen zu anderen existierenden Dingen besteht. Ich trage vielleicht in mir die Auswirkungen, die andere wesensprägend in der Vergangenheit auf mich hatten, aber wenn man eine Gesamtsicht von allem, was es gibt, machen würde, gäbe es nur nebeneinanderstehende, nicht kausal verbundene Dinge, von denen jedes seine eigene Geschichte in sich trägt und die nicht verändert würden, wenn in der Gegenwart ein anderes Ding aufhören würde zu existieren. Wenn es aber die Vergangenheit noch gibt, dann ist das ganz anders und ich kann mich, wie oben beschrieben, auf Basis einer interpersönlichen, auch kausalen, Verflochtenheit verstehen, die mich in meinem Wesen trägt und mitbestimmt.

Diese Verflochtenheit kann sogar noch mehr, als nur das Zusammensein von zwei aktuell existierenden Personen substanziell zu begründen. Wenn es die Vergangenheit noch gibt, und ich persönliche Identität wie in Kap. 6 beschrieben verstehe, bin ich in meinem Wesen auch von meiner Vergangenheit so mitbestimmt, dass ich in diesem Sinne auch mit vielen Personen aus der Vergangenheit ‚zusammen' bin. Natürlich ist das nicht der Vollsinn von ‚zusammensein', weil ich mit der Vergangenheit und den Personen dort nicht wechselwirken kann. Aber es ist eine weitere Art, wie die Existenz der Vergangenheit der Einsamkeit entgegenwirkt.

Etwas poetischer gesprochen kann man das auch in folgendem Beispiel zeigen: Jede Frau ist auch eine russische Matrjoschka-Puppe. Denn ein wesensbestimmender Teil von ihr im Jetzt sind auch zeitlich zurückliegende Varianten, in denen sie im Bauch ihrer Mutter war, und ein wesensbestimmender Teil ihrer Mutter sind Varianten, in denen sie im Bauch wiederum ihrer Mutter war, und so weiter.

Diese Überlegungen dazu, wie wir mit Personen in der Vergangenheit ‚zusammen' sein können, werden in Kap. 10 nochmal im Detail ausgearbeitet werden. Zunächst soll es aber in Kap. 9 darum gehen, die Rolle der Existenz der Vergangenheit im Kontext der moralischen Verantwortung zu diskutieren.

9

Dass es die Vergangenheit noch gibt, ist Grundlage moralischen Handelns

Nach den beiden negativen Argumenten, bei denen die Existenz der Vergangenheit primär dadurch begründet wurde, dass die Annahme ihres Gegenteils zu lebensweltlich absurden Konsequenzen führt, soll jetzt das erste von vier positiven Argumenten angeführt werden: Wenn die Vergangenheit noch existiert, ergibt sich ein gut zu unserem Gewissen und unseren moralischen Vorstellungen passendes Gesamtbild von Verantwortung.

Die Struktur des folgenden Arguments ist so zu verstehen, dass ich von der Existenz moralischer Verantwortung als offensichtlich ausgehe. Das Argument ist dann aber nicht psychologisch zu verstehen in dem Sinne ‚Wir sollten unabhängig von der Wahrheit an die Existenz der Vergangenheit glauben, weil sie instrumentell für das moralische Handeln ist', sondern bewusst wahrheitssuchend in dem Sinne ‚wenn eine sichere Wahrheit (moralische Verantwortung) inhaltlich besser zu einer potentiellen Wahrheit (Existenz der Vergangenheit) passt, als zu ihrer gegenteiligen potenziellen Wahrheit (Präsentismus), dann ist diese Passung ein Hinweis darauf, dass die erste potentielle Wahrheit stimmt und nicht die zweite'.

Verantwortung, Geständnisse und Reue

Es ist moralisch richtig, dass ich, wenn ich etwas Falsches getan habe, danach dafür die Verantwortung übernehme, eingestehe, dass ich die Tat begangen habe und bekenne, dass es falsch war. Ich glaube, dass das in unserem Gewissen tief verankert und für viele Menschen selbstverständlich ist. Um dies anschaulicher zu machen, will ich hier drei Beispiele anführen.

Zuerst Sonia, die Gefährtin von Raskolnikow in Dostojewskis Buch „Verbrechen und Strafe", die ihn am Ende im Straflager unterstützt und – so wie ich das Ende des Buches verstehe – nach dem Straflager sowohl die Ursache wie auch der Zweck seines neuen Lebens werden wird; er hat ihr gerade gestanden, dass er für den Mord, um den es in dem Buch geht, verantwortlich ist:

> „Was du tun sollst?' rief sie und sprang von ihrem Platze auf; ihre Augen, die bisher voll Tränen gestanden hatten, blitzten. ‚Steh auf!' Sie fasste ihn an der Schulter; er erhob sich und sah sie ganz erstaunt an. ‚Geh sofort, diesen Augenblick, hin und stelle dich auf einen Kreuzweg; beuge dich nieder und küsse zuerst die Erde, die du besudelt hast, und dann verbeuge dich demütig vor aller Welt, nach allen vier Himmelsrichtungen, und sage dabei jedes Mal laut: ‚Ich habe gemordet!'. Dann wird Gott dir neues Leben gewähren. Wirst du hingehen? Wirst du hingehen?' fragte sie ihn, am ganzen Körper wie in einem Fieberanfall zitternd, ergriff seine beiden Hände, drückte sie fest in den ihrigen und sah ihn mit glühendem Blicke an."[1]

Ein weiteres Beispiel ist die deutsche Erinnerungskultur: Wir sind in Deutschland vor dem Hintergrund der NS-Zeit und ihrer grausamen Verbrechen, bei denen über 6 Mio. Jüd:innen und viele weitere Menschen grausam ermordet wurden, besonders mit der Aufgabe betraut, Verantwortung für die Vergangenheit zu übernehmen. Dass das nicht immer einfach war, und es dabei immer auch um ein Ankämpfen gegen

---

[1] (Dostojewski 1866, S. 588).

den Impuls der Verdrängung und Verharmlosung ging, wird in diesem Text von der Homepage der Stiftung „Erinnerung, Verantwortung und Zukunft", die vom deutschen Bundestag im Jahr 2000 gegründet wurde, deutlich:

> „Dabei ließ sich die deutsche Erinnerungskultur lange Zeit eher als Verdrängungskultur bezeichnen. Während man in der Bonner Republik der Nachkriegszeit nichts von den eigenen Verbrechen wissen wollte, lehnte die DDR als antifaschistischer Staat par excellence jede Verantwortung für die Verbrechen des NS ab.
> Das eiserne Schweigen der deutschen Nachkriegsgesellschaften wurde mit der Student:innen-Bewegung der 1960er Jahre erstmals gebrochen. Sie forderten ihre Väter, Mütter und die deutsche Gesellschaft insgesamt heraus und dazu auf, sich endlich ihrer Vergangenheit und Verbrechen zu stellen.
> Die Erinnerungskultur in Deutschland hat sich seither fortlaufend verändert und weiterentwickelt. Heute gehören die Erinnerung an die deutsche Geschichte und die daraus abgeleitete Verantwortung zur deutschen Staatsräson".[2]

Und schließlich kennen wir diesen Anspruch unseres Gewissens einfach aus dem Alltag. Auch, wenn ich eine vergleichsweise kleine Böshaftigkeit begangen habe, zum Beispiel das Essen von jemand anderem aus dem Kühlschrank gegessen habe, dann spüre ich, dass es richtig wäre, es wenigstens zuzugeben. Und als Opfer wünsche ich mir das auch. Falls ich den Essensdieb, der nicht gesteht, dann später trotzdem irgendwie überführe, kommt deutlich verschärfend dazu: ‚…und Du hast es nicht mal zugegeben!'. Es ist sogar so, dass wir in unserem Sprechen täglich sicher dutzende Male Dinge sagen wie ‚Entschuldigung', ‚Sorry', etc. Auch wenn diese Sprechweisen oft zur Floskel geworden sind, scheint mir dahinterzustehen, dass das Eingeständnis eines vergangenen Fehlers ein ganz zentraler Teil unserer moralischen Welt ist.

---

[2] Siehe: https://www.stiftung-evz.de/themen/erinnerungskulturen/ (Abgerufen November 2024).

Welchem Zweck dient dieses Gebot zur Reue? Sie bringt ja auf den ersten Blick nichts, das Übel ist ja schon angerichtet. Es gibt verschiedene Ansätze, das zu verstehen: In vielen Religionen, zum Beispiel in der katholischen Kirche, ist das Geständnis und die Reue eine Voraussetzung für die Vergebung. In der Bibel steht: „Wer seine Missetat leugnet, dem wird's nicht gelingen; wer sie aber bekennet und lässet, der wird Barmherzigkeit erlangen." (Sprüche, 28:13).

Aber man kann den Sinn der Reue auch ohne Bezug zur Religion ganz funktional verstehen: Eine Person, die ihre Verfehlungen gesteht und bereut, zeigt damit an, dass sie ein ernst zu nehmendes Projekt der Selbstreflexion und der Besserung in Angriff nimmt, und ist damit weniger geneigt, erneute Verfehlungen zu begehen.

Oder man kann die Pflicht zur Reue aus anderen moralischen Pflichten ableiten, wie zum Beispiel dem Gebot zur Ehrlichkeit oder Gerechtigkeit. Aber unabhängig davon, wie genau der Zweck der Reue verstanden wird, es besteht meiner Einschätzung nach kein Zweifel daran, dass sie eine moralische Pflicht ist. Und zwar eine, die immer in Gefahr ist, durch Verdrängung und Verschweigen nicht erfüllt zu werden.

Die These, dass die Vergangenheit nicht existiert, leistet eher dem Verdrängen und Verschweigen Vorschub als der Reue

Wenn es die Vergangenheit nicht mehr gibt, dann kann man jede Beschäftigung mit der Vergangenheit als Beschäftigung mit der eigenen Erinnerung verstehen. Und die eigene Erinnerung und der Umgang mit ihr unterliegt zumindest ein kleines Stück weit der Kontrolle einer Person. David Bowie hat das in dem Song „Fill your Heart" beschrieben:

> „Don't play the game of time,
> Things that happened in the past,
> Only happened in your mind,

Only in your mind, ah, forget your mind,
And you'll be free"³

In "Verbrechen und Strafe" tut sich Raskolnikow, auch nach der oben zitierten Aufforderung durch Sonia, sehr, sehr schwer mit dem Geständnis. Er hat zunächst nicht vor, sein Verbrechen zu gestehen, und auf die Frage von Sonia, wie er mit dem Bewusstsein dieser Tat weiterleben will, antwortet er „Ich werde mich daran gewöhnen".⁴ Am Ende gesteht er aber doch. In dem Film „Matchpoint", der lose an „Verbrechen und Strafe" orientiert ist, gibt es auch einen jungen Mann, der einen Mord begangen hat, in diesem Fall, um seine Affäre zu verheimlichen, die sein Leben mit seiner reichen Ehefrau durcheinanderbringen würde. Der Hauptcharakter von „Matchpoint", Chris, gesteht nicht, und wird auch von der Polizei nicht überführt. Am Ende des Films sehen wir Chris, wie er in einem inneren Monolog mit sich darüber spricht, dass man es lernen kann, ‚die Schuld unter den Teppich zu kehren und weiterzumachen', und wie er dann in sein harmonisches Familienleben zurückkehrt.

Ich glaube, wir würden alle sagen, dass Chris falsch handelt – nicht nur durch den Mord, sondern auch dadurch, dass er ihn erfolgreich verschweigt und verdrängt.

Als Gedankenexperiment will ich nun fragen, ob es für sein Verhalten einen Unterschied machen würde, ob Chris an die Existenz der Vergangenheit glaubt oder ob er, wie in dem David Bowie Song beschrieben, glaubt, dass die Vergangenheit nur noch in seinem Kopf existiert. Ich behaupte, dass ihm seine moralisch falschen Handlungen in letzterem Fall einfacher fallen würden; einfach weil es, wenn die Vergangenheit nicht existiert, tatsächlich so erscheint, als wäre es möglich, dass etwas nie geschehen ist – wenn nur alle Spuren beseitigt und alle Erinnerungen unterdrückt sind.

Überlegungen über die Verbindung der Nicht-Existenz der Vergangenheit mit der Frage der Schuld findet man auch bei Jan Łukasiewicz. Denn das Zitat aus Kap. 3, in dem klar wird, dass er eine Sichtweise

---

³ (Bowie 1971).
⁴ (Dostojewski 1866, S. 589).

vertritt, in der vergangene Ereignisse nur durch ihre Wirkungen in der Gegenwart existieren, geht direkt mit eindeutig auf das Thema Schuld und Verdrängung bezogenen Sätzen weiter:

> "In the life of everyone of us there are difficult moments of guilt. We would be glad to erase them and not only from our memory but also from reality. We are at liberty to believe that if all the effects of those disastrous moments will disappear, even if it would happen only after our death, then the disastrous moments themselves will disappear from the real world and will pass into the world of possibility. Time heals our sufferings and brings us forgiveness."[5]

Ich will hier nicht behaupten, dass David Bowie oder Jan Łukasiewicz oder irgendeine andere Person, die nicht an die Existenz der Vergangenheit glaubt, alleine dadurch eine moralische Verfehlung begeht. Und es ist sicher oft so, dass auch solche Personen dem Anspruch ihres Gewissens auf Geständnis und Reue nachkommen. Und ich will erst recht nicht behaupten, dass es eine weit verbreitete Motivation für den Präsentismus wäre, dass man sich als deutsche Person der geschichtlichen Verantwortung entziehen will.

Aber ich *will* behaupten, dass der Glaube an die Existenz der Vergangenheit es uns etwas schwerer macht, moralisch falsch zu handeln und uns unserer Verantwortung zu entziehen. Damit ist die Existenz der Vergangenheit in besserer Passung zu den moralischen Intuitionen unseres Gewissens. Das ist ein lebensweltliches Argument für sie.

Die Existenz der Vergangenheit macht moralische Verantwortung erst richtig zu dem, was sie ist

Die Existenz der Vergangenheit ist im Kontext der moralischen Verantwortung mehr als nur ein Instrument der Erbauung, das uns vielleicht manchmal ein bisschen mehr zu moralischem Verhalten veranlasst. Ich

---

[5] (Łukasiewicz 1946, S. 61).

behaupte, erst durch die Existenz der Vergangenheit kann man moralische Verantwortung richtig verstehen. Denn wenn die Vergangenheit existiert, legt das ein besonderes Gewicht auf jede meiner Entscheidungen – ich kann sie nur einmal fällen, mit all ihren moralischen Konsequenzen: Habe ich pflichtgetreu gehandelt oder nicht? Habe ich anderen Schaden zugefügt? Bin ich egoistischen Motiven gefolgt? Alles, was ich entscheiden werde, wird dann für immer ein Teil der Welt werden. Erst in diesem Kontext macht Reue richtig Sinn!

Ein Beispiel für diese Schwere der Verantwortung, die durch die Existenz der Vergangenheit entsteht, ist Joseph Conrads „Lord Jim". Jim ist ein junger und idealistischer Seemann, aber als er denkt, dass das Schiff, auf dem er dient und in dem 700 hilflose Passagiere transportiert werden, bald sinken wird, springt er entgegen seinen Wertvorstellungen und entgegen der Seefahrtsregeln von Bord, um das eigene Leben zu retten. Danach findet er sich in einem Rettungsboot mit ein paar anderen Schiffsleuten wieder, die alle froh sind, dem vermeintlich sicheren Tod entgangen zu sein und die beginnen, sich eine Geschichte zu überlegen, um ihren Verstoß gegen die Regeln zu verheimlichen. Für Jim ist aber klar, dass die Vergangenheit, und auch seine moralische Verfehlung, für immer weiter bestehen wird, und er ist in gewissem Sinne stolz darauf, dass er, anders als die anderen, dieser Vergangenheit zumindest ins Auge blickt:

> „Nobody would know, of course, but this did not make it any easier for me. [...] Do you think you or anybody could have made me if I... I am – I am not afraid to tell. And I wasn't afraid to think either. I looked it in the face. I wasn't going to run away. [...] They made up a story, and believed it for all I know. But I knew the truth, and I would live it down – alone, with myself."[6]

Diese Wirklichkeit und Unwiderrufbarkeit unseres gesamten Lebens als Gegenargument gegen eine Sicht, in der nur die Gegenwart existiert, wird von dem argentinischen Schriftsteller Jorge Louis Borges in dem Aufsatz „Neue Widerlegung der Zeit" poetisch wie folgt beschrieben:

---

[6] (Conrad 1900, S. 132).

„Unser Schicksal (im Unterschied zu der Hölle Swedenborgs und der Hölle der tibetanischen Mythologie) ist nicht seiner Unwirklichkeit wegen entsetzlich, sondern es ist entsetzlich, weil es nicht umkehrbar und eisern ist. Die Zeit ist die Substanz, aus der ich gemacht bin, die Zeit ist ein Fluss, der mich davon reißt, aber ich bin der Fluss; sie ist ein Tiger, der mich zerfleischt, aber ich bin der Tiger; sie ist ein Feuer, das mich verzehrt, aber ich bin das Feuer. Die Welt ist – unseligerweise – wirklich; ich – unseligerweise – bin Borges."[7]

Die Existenz der Vergangenheit passt gut zu der moralischen Einsicht, dass alle Menschen gleich wertvoll sind

Es ist eine zentrale Überzeugung im Kontext unserer moralischen Verantwortung, dass wir glauben, dass alle Menschen gleich wertvoll sind. Natürlich sind manche Menschen erfolgreicher als andere in der einen oder der anderen Unternehmung; aber es ist etwas an der Idee einer Person, an der Würde des Menschen, eine Art Selbstzwecklichkeit, die jedem Menschen einen eigenen, unvergleichlichen Wert verleiht, der dem von anderen Menschen in nichts nachsteht.

Auch wenn viele Menschen keine Spuren in den Geschichtsbüchern der Welt hinterlassen werden, sind sie mit ihren ‚kleinen' Leben, mit ihren Hoffnungen und Wünschen, mit ihren Wohnungen und Familien, mit ihren Freundeskreisen und ihren Lieblingsfilmen etc. genau so wertvoll wie die größten Politiker:innen, Forscher:innen oder Künstler:innen.

So wie ich es verstehe, ist diese wahre Einsicht auch etwas, was der französische Künstler Christian Boltanski mit einigen seiner Werke ausdrücken wollte; wie zum Beispiel der laufend wachsenden Sammlung von Herztönen ganz verschiedener Menschen in einem Archiv auf der japanischen Insel Teshima. Er hat das wie folgt beschrieben:

---

[7] (Borges 1981, S. 200 in Band 5/II).

„Part of my work has been about what I call 'small memory.' Large memory is recorded in books and small memory is all about little things: trivia, jokes. Part of my work then has been about trying to preserve 'small memory', because often when someone dies, that memory disappears. Yet that 'small memory' is what makes people different from one another, unique."[8]

Wenn es die Vergangenheit noch gibt, dann sind alle Menschen und alle diese ‚kleinen Erinnerungen', egal wie historisch relevant oder nicht, und auch egal, ob sie aufgezeichnet werden oder nicht, mit ihren ganzen, auch ganz alltäglichen, einzigartig wertvollen Leben für immer ein Teil der Welt. Das passt gut zu unserer moralischen Intuition der Gleichwertigkeit.

Interessanterweise hat genau das Nietzsche an der Ewigkeit der Vergangenheit gestört, was man – denke ich – durchaus als weiteren Hinweis deuten kann, dass die Existenz der Vergangenheit, im Gegensatz zu manchen Überlegungen Nietzsches, gut zu unseren moralischen Vorstellungen passt.

Um das ein wenig mehr auszuführen: Nietzsche hat an verschiedenen Stellen in seinem Werk die Idee angedeutet, dass die Welt und die Leben aller Menschen sich unendlich oft in genau gleicher Weise wiederholen. Das ist zwar nicht das gleiche wie zu behaupten, dass die Vergangenheit noch existiert – wir werden in Kap. 15 in einer Fußnote noch einmal kurz auf diese Sichtweise zurückkommen – aber es gibt viele Berührungspunkte. Unter anderem ist auch diese Sichtweise, genau wie die Annahme der Existenz der Vergangenheit, gut geeignet, die Verantwortung für jede Handlung sehr stark zu machen, und passt damit gut zu den eben in diesem Kapitel besprochenen Themen. In „Die Fröhliche Wissenschaft" schreibt Nietzsche:

---

[8] Siehe https://www.guggenheim.org/teaching-materials/haunted-contemporary-photography-video-performance/christian-boltanski-documentation-and-reiteration (Abgerufen November 2024).

„Das grösste Schwergewicht. – Wie, wenn dir eines Tages oder Nachts, ein Dämon in deine einsamste Einsamkeit nachschliche und dir sagte: ‚Dieses Leben, wie du es jetzt lebst und gelebt hast, wirst du noch einmal und noch unzählige Male leben müssen; und es wird nichts Neues daran sein, sondern jeder Schmerz und jede Lust und jeder Gedanke und Seufzer und alles unsäglich Kleine und Grosse deines Lebens muss dir wiederkommen, und Alles in der selben Reihe und Folge – und ebenso diese Spinne und dieses Mondlicht zwischen den Bäumen, und ebenso dieser Augenblick und ich selber. Die ewige Sanduhr des Daseins wird immer wieder umgedreht – und du mit ihr, Stäubchen vom Staube!' – Würdest du dich nicht niederwerfen und mit den Zähnen knirschen und den Dämon verfluchen, der so redete? Oder hast du einmal einen ungeheuren Augenblick erlebt, wo du ihm antworten würdest: ‚du bist ein Gott und nie hörte ich Göttlicheres!' Wenn jener Gedanke über dich Gewalt bekäme, er würde dich, wie du bist, verwandeln und vielleicht zermalmen; die Frage bei Allem und Jedem ‚willst du diess noch einmal und noch unzählige Male?' würde als das grösste Schwergewicht auf deinem Handeln liegen!"[9]

Nur wenige Jahre später, in „Also Sprach Zarathustra", aber beschreibt Zarathustra, was aus seiner Sicht das Problem an dieser ewigen Wiederkehr ist: Dass dann auch die kleinen und unwichtigen Menschen genauso wiederkehren wie die vermeintlich ‚großen' Menschen:

„Ewig kehrt er wieder, der Mensch, dess du müde bist, der kleine Mensch" – so gähnte meine Traurigkeit und schleppte den Fuss und konnte nicht einschlafen.
[...]
– „ach, der Mensch kehrt ewig wieder! Der kleine Mensch kehrt ewig wieder!" –
[...]
Allzuklein der Grösste! – Das war mein Überdruss am Menschen! Und ewige Wiederkunft auch des Kleinsten! – Das war mein Überdruss an allem Dasein!"[10]

---

[9] (Nietzsche 1882, Viertes Buch, 341, S. 570).
[10] (Nietzsche 1883–1885, Der Genesende, Abschnitt 2, S. 243).

Folgerichtig hatte auch die Rezeption Nietzsches im Nationalsozialismus, hier in Person von Alfred Baeumler, ein Problem mit der Lehre der ewigen Wiederkehr; und hat das – anders als Nietzsche selbst, der scheinbar die Lehre der ewigen Wiederkehr trotz dieses Problems als zentralen Punkt seines Denkens verstanden hat – einfach so gelöst, dass die unerwünschte ewige Wiederkehr stark heruntergespielt wurde. Ich nehme an, der Grund dafür war genau das, dass sie auch die Wiederkehr der kleinen und zu überwindenden Menschen beinhaltet, genauso wie die der vermeintlich großen Menschen mit ihrem Willen zur Macht. Baeumler schreibt:

> „Es kann nur eins gelten: entweder die Lehre von der ewigen Wiederkunft oder die Lehre vom Willen zur Macht.
> Es ist bekannt, dass der Gedanke der ewigen Wiederkunft auf eine Erschütterung zurückgeht, die der in der Einsamkeit des Engadins genesende Nietzsche im August 1881 erlebt hat. Am Schlusse der „Fröhlichen Wissenschaft" wird der Gedanke zum ersten Mal ausgesprochen, von Zarathustra wird er verkündet. Es ist nicht zu verwundern, dass er ganz besonders die Aufmerksamkeit auf sich gezogen hat und dass man geneigt war anzunehmen, die philosophische Tiefe und Bedeutung dieses Gedanken müsse im Verhältnis stehen zu der Eindringlichkeit, mit der er vorgetragen wird. In Wahrheit ist dieser Gedanke, von Nietzsches System aus gesehen, ohne Belang"[11]

Ich will hier nicht mutmaßen, wie Nietzsche sich zu dem Konflikt zwischen einerseits der ewigen Wiederkehr und der von ihr implizierten Gleichwertigkeit der vermeintlich ‚kleinen' Menschen und andererseits anderen Ideen in seiner Philosophie, wie zum Beispiel dem Willen zur Macht, positioniert hätte. Aber dass die Nazis eine Idee, die viele Ähnlichkeiten mit der fortgesetzten Existenz der Vergangenheit hat, wegerklären mussten, spricht aus meiner Sicht genau *dafür*, dass diese Idee – die fortgesetzte Existenz der Vergangenheit – gut zu unseren moralischen Intuitionen passt.

---

[11] (Baeumler 1931, S. 80).

10

Dass es die Vergangenheit noch gibt, ist uns ein Trost im Umgang mit dem Tod

In diesem Kapitel soll ein weiteres lebensweltliches Argument für die fortgesetzte Existenz der Vergangenheit ausgearbeitet werden – sie lindert den Schmerz, den wir bei dem Tod geliebter Menschen fühlen und sie lindert die Sorge um den eigenen Tod.

Dabei wird es nicht darum gehen, der basalen und jeder Person einleuchtenden Tatsache zu widersprechen, dass der Tod – sei es der eigene oder der von anderen Menschen – etwas ist, vor dem wir Menschen zurecht Angst haben. Es wird nur darum gehen, zu zeigen, dass die Idee der Existenz der Vergangenheit dem Tod *einen Teil* seines Schreckens nehmen kann. Dazu müssen wir zuerst diskutieren, wie der Tod verstanden werden muss, wenn es die Vergangenheit nicht gibt.

Der erste Schrecken des Todes im Präsentismus

Wenn nur die Gegenwart existiert, dann existieren auch nur die Dinge, die es in der Gegenwart gibt. Wenn eine Person gestorben ist, existiert sie also nicht mehr. Der Tod ist damit die absolute, existentielle Auslöschung, es gibt eine gestorbene Person genauso wenig – nämlich gar nicht – wie eine nie geborene Person, die Stadt Atlantis oder Einhörner.

Kurz nachdem seine Ehefrau Carol mit nur 42 Jahren sehr plötzlich an einen Hirntumor gestorben war, beschreibt der Mathematiker, Physiker und Kognitionswissenschaftler Douglas Hofstadter[1] diesen Ausblick so: „There had been a bright shining soul behind those eyes, and that soul had been suddenly eclipsed. The light had 'gone out' and my friends kept on saying to me (oddly enough, in a well-meaning attempt to comfort me), 'You can't feel sorry for her! She's dead! There's no one to feel sorry for any more!' How utterly, totally wrong this felt to me."[2]

Im Präsentismus ist der einzige Ausweg aus dieser Konsequenz, zu behaupten, die vermeintlich gestorbene Person sei gar nicht tot, sondern existiere in einem irgendwie gearteten Leben nach dem Tod in der Gegenwart weiter. In der religiösen Variante dieses Auswegs glaubt man, dass der Mensch durch göttliche Intervention und Gnade nach dem Tode weiterleben kann. Douglas Hofstadter versucht, das Leben nach dem Tod ganz anders zu begründen: In einem sehr persönlichen und ehrlich geschriebenen Abschnitt[3] präsentiert er einen Ansatz zu einer

---

[1] Ich bin mir keiner Veröffentlichung bewusst, in der Douglas Hofstadter sich direkt zu der Frage der Metaphysik der Zeit äußert. Die Ausführungen in „I am a strange loop" machen aber klar, dass er eine Existenz von Menschen in der Vergangenheit nicht als für den Umgang mit dem Tod relevantes Thema in Betracht zieht.

[2] (Hofstadter 2007, S. 227 f.).

[3] Es ist interessant, dass Douglas Hofstadter dabei einerseits die Herangehensweise in diesem Buch – dass Emotionen ein Teil des Erkenntnisapparats sind – selbst verkörpert („Nothing else that I have written on the topic of the human soul and human consciousness ever came so much from the heart as did those messages to Dan", Hofstadter 2007, S. 229) aber andererseits genau diesen Zusammenhang versucht von sich zu weisen, in dem er klar macht, dass er die wesentlichen Ideen schon vor dem Tod seiner Ehefrau hatte („Long after this chapter (minus this P.S.) had been put together in final form, it occurred to me that it might be tempting for some readers to conclude that in the wake of Carol's death, her deeply depressed husband had buckled under the terrible pressures of loss, and had sought to build some kind of elaborate intellectual superstructure through which he could deny to himself what was self-evident to all outsiders: that his wife had died and was completely gone, and that was all there was to it. […].

It was therefore a relief when, very recently, I went through a number of old files in my filing cabinets – files with names like "Identity", "Strange Loops", "Consciousness", and so forth – and ran across writings galore in which all these same ideas are set forth in crystal-clear terms long before there was any shadow on the horizon. […].

My book is now done, and those old paper files are rich preludes to it. Perhaps someday some of what I wrote back then will see the light of day, perhaps never, but at least I myself have the comfort of knowing that when I was in my time of greatest need, I did not merely tumble for

Theorie der persönlichen Identität, bei der Personen mit einem Muster identifiziert werden, das auch außerhalb des eigenen Gehirns zumindest teilweise in der Gegenwart weiterexistieren kann:

> „The name 'Carol' denotes, for me, far more than just a body, which is now gone, but rather a very vast pattern, a style, a set of things including memories, hopes, dreams, beliefs, loves, reactions to music, sense of humor, self-doubt, generosity, compassion, and so on. Those things are to some extent sharable, objective, and multiply instantiatable, a bit like software on a diskette. And my obsessive writing-down of memories, and the many videotapes she is on, and all our collective brain-stored memories of Carol make those pattern-aspects of her still exist, albeit in spread-out form – spread out among different videotapes, among different friends' and relatives' brains, among different yellow-sheeted notebooks, and so on. In any case, there is a spread-out pattern of Carolness very clearly discernable in this physical world. And in that sense, Carolness survives."[4]

Ich will hier weder die verschiedenen religiösen Ansätze zum Leben nach dem Tod noch den Ansatz von Douglas Hofstadter detailliert diskutieren oder bewerten – was aber auch nicht bedeuten soll, dass ich einen oder beide prinzipiell für indiskutabel halte. Es geht erst einmal nur um die Beobachtung, dass ich, wenn die Vergangenheit nicht existiert, einen solchen Ausweg brauche oder die ganze Härte des Todes als „there is no one to feel sorry for anymore" akzeptieren muss.

---

some kind of path-of-least-resistance belief system that winked at me, but instead I stayed true to my long-term principles, worked out with great care many years earlier." Hofstadter 2007, S. 239 f.). Ich persönlich kann nicht anders, als den Eindruck zu gewinnen, dass genau das, was Douglas Hofstadter hier versucht, von sich zu weisen – dass er eine Theorie auch entwickelt hat, um seine Frau am Leben zu erhalten – trotzdem einen Kern von Wahrheit in sich trägt. Anders als er selbst bin ich aber der Überzeugung, dass das seine Ausführungen eher noch überzeugender macht, als dass es ihren wissenschaftlichen Wert schmälern würde.

[4] (Hofstadter 2007, S. 230).

Der zweite Schrecken des Todes im Präsentismus

Es gibt aber noch einen zweiten Aspekt, der den Tod im Präsentismus besonders schrecklich erscheinen lässt. Das ist das, was ich persönlich – wie in der Einleitung dieses Buches beschrieben – als Kind so unfassbar fand: ‚Wenn ich gestorben bin, dann bin nicht nur ich einfach weg, sondern auch alles, was ich je erlebt oder gedacht habe ist weg'.

Ich habe als Kind meine Erinnerungen sehr gemocht, ich hatte das Gefühl, ich kann in ihnen Dinge, die mir wichtig sind, sammeln und aufbewahren. Ich erinnere mich noch heute an den Anblick einer Krähe auf unserem Balkon und an eine besonders schöne Mandarine – mit einem Zweig und Blatt noch daran hängend –, weil ich mir damals als Kind gedacht habe: ‚Diese Augenblicke sind so schön, die merke ich mir jetzt für immer, dann sind sie für immer aufgehoben'. In schwierigen oder auch nur in langweiligen Zeiten als Kind habe ich mich gerne an gute Dinge erinnert, und sie wie einen Film vor meinem inneren Auge abspielen lassen. Mir war auch immer bewusst, dass diese Erinnerungen viel besser sind als jede andere Art, das Wissen von den gleichen Ereignissen oder Momenten in die Zukunft zu tragen; weil sie – anders als Fotos, als Filme, als Erinnerungen anderer Menschen und auch anders als Tagebucheinträge – die korrekte ‚Ich-Perpektive' beinhalteten. Nur ich habe ja aus meiner Perspektive, mit meinen Gefühlen und Gedanken eingefärbt, die Dinge erlebt und nur ich kann mich daher auch richtig gut an sie erinnern.

Vor diesem Hintergrund war mir als Kind die Vorstellung, dass ich sterbe und die Zukunft nicht mehr erleben werde, weniger schrecklich als die Vorstellung, dass dann auch meine gesamten, in der Erinnerung gesammelten, Erlebnisse mit einem Schlag verschwinden, als wären sie nie passiert.

Natürlich kann man diesem Verschwinden ein Stück weit entgegenwirken, und ich glaube inzwischen auch, dass die Erinnerung anderer Menschen, Fotos, Filme, Geschriebenes etc. einige Dinge von einer Person bewahren, die prinzipiell vergleichbar mit ihren eigenen Erinnerungen sind.

Der Versuch, so diesem zweiten Schrecken des Todes im Präsentismus entgegenzuwirken, ist glaube ich auch der Grund, warum es für viele Menschen attraktiv erscheint, der Nachwelt in Erinnerung zu bleiben. Man liest oft, einer der wichtigsten Vorteile von großen Taten, zum Beispiel einer bahnbrechenden wissenschaftlichen Entdeckung oder einer großen politischen Karriere, sei es, dass man ‚in die Geschichtsbücher eingehen wird', oder dass die Menschen ‚in 1000 Jahren noch über Dich reden werden'.

Aber dieser Ausweg ist alles andere als gut: Erstens ist die Qualität dieser ganzen Aufzeichnungen viel geringer als die Qualität meiner eigenen Erinnerungen. Das, was dann von meinem Leben erhalten bleibt, ist also viel weniger, als ich es gerne hätte. Und dazu kommt, dass diese Erinnerungen ja bewahrt werden müssen und nur dann wirklich ‚weiterleben', wenn sich auch jemand für sie interessiert; was alles andere als selbstverständlich ist. Für die meisten Personen kommen höchstens die direkten Nachfahren oder vielleicht besonders gute Freunde dafür infrage, sich nach ihrem Tod so intensiv mit ihrem Leben zu beschäftigen. Nur in ganz wenigen Fällen, zum Beispiel bei Einstein oder Bob Dylan, darf man davon ausgehen, dass sich noch viele Jahrhunderte lang viele Menschen mit den Details ihres Lebens beschäftigen werden. Und es kann keine gute Lösung sein, dass ich – wenn die Vergangenheit nicht existiert – einen Nobelpreis gewinnen muss, um dem zweiten Schrecken des Todes ein bisschen länger zu trotzen.

Wie kann die Existenz der Vergangenheit diesen beiden Schrecken entgegenwirken?

Wenn die Vergangenheit noch existiert, ist es einfach, einen neuen, weniger annahmereichen, Weg zu beschreiben, um sowohl dem Schrecken der existentiellen Auslöschung wie auch dem Schrecken des damit einhergehenden Verschwindens aller Details des vergangenen Lebens entgegenzuwirken. Auf Basis der letzten Kapitel ist schon klar, was dieser Weg sein wird: Durch die Existenz der Vergangenheit wird beides negiert! Der Tod ist nicht die existentielle Auslöschung, denn es gibt ja eine Person auch nach ihrem Tod noch – in dem Sinne, dass es die ganzen verschiedenen Versionen der Person aus der Vergangenheit weiterhin gibt. Sie liegen natürlich in der Vergangenheit, aber sie existieren nach wie vor. Und auch die Details ihres Lebens, an die sich eine Person – solange sie lebt – besser erinnert hat als es jemand anderes je konnte, existieren noch; ganz unabhängig davon, dass sich jetzt keiner mehr daran erinnert und wahrscheinlich auch alle anderen Spuren dieser Details recht schnell aus der Welt verschwinden werden.

Dass diese Sichtweise nicht nur eine theoretische Spielerei ist, sondern wirklich geeignet ist, Trost zu spenden und damit lebensweltlich positiv dem Tod ein wenig des Schreckens zu nehmen, will ich anhand von vier Beispielen belegen:

- Einstein schrieb im März 1955, nur ca. einen Monat vor seinem eigenen Tod, an die Witwe eines guten Freundes, der gerade verstorben war: „Nun ist er mir auch mit dem Abschied von dieser sonderbaren Welt ein wenig vorausgegangen. Das bedeutet nichts. Für uns gläubige Physiker hat die Scheidung zwischen Vergangenheit, Gegenwart und Zukunft nur die Bedeutung einer, wenn auch hartnäckigen, Illusion".[5] Einstein war, auf Basis der Relativitätstheorie, schon lange davon überzeugt, dass die gesamte Raumzeit existiert, und damit auch die Vergangenheit, die Gegenwart und die Zukunft gleichermaßen.[6]
  Er formuliert hier, ich nehme an auch eingefärbt von dem Bewusstsein der eigenen Sterblichkeit, die lebensweltliche Konsequenz dieser Überzeugung: Der Tod ‚bedeutet nichts'.
- Zum Anlass des Todes von König Edward VII predigte Henry Scott Holland in St. Paul's in 1910: „Death is nothing at all. It does not count. I have only slipped away into the next room. Nothing has

---

[5] Es ist mir nicht gelungen, die Originalquelle zu diesem vergleichsweise berühmten Zitat einzusehen – aber es wird in so vielen respektablen Quellen erwähnt, dass ich mit einer gewissen verbleibenden Unsicherheit annehme, dass es ein echtes Zitat ist.

[6] Siehe z. B. "But it is also indisputable that once having encountered Minkowski's geometrical formulation of the theory, Einstein became an outspoken realist concerning space–time" (Craig 2008, S. 12).

happened. Everything remains exactly as it was. I am I, and you are you, and the old life that we lived so fondly together is untouched, unchanged. Whatever we were to each other, that we are still. Call me by the old familiar name. Speak of me in the easy way which you always used. Put no difference into your tone. Wear no forced air of solemnity or sorrow. Laugh as we always laughed at the little jokes that we enjoyed together. Play, smile, think of me, pray for me. Let my name be ever the household word that it always was. Let it be spoken without an effort, without the ghost of a shadow upon it. Life means all that it ever meant. It is the same as it ever was. There is absolute and unbroken continuity. What is this death but a negligible accident? Why should I be out of mind because I am out of sight?".[7]

Im Licht der Existenz der Vergangenheit kann man diese Passage so verstehen, dass sie nicht nur die existentielle Auslöschung verneint, sondern auch beschreibt, wie die vielen Details des Lebens aufbewahrt werden – wie weiter unten im weniger berühmten Teil dieses Textes klar wird: "What really matters is the life with its moral quality, its personal characteristics, its intense and vivid charm, its individual experiences, its personal story; the tone of its voice, the pressure of its presence felt as surely now as once through eye and hand; the tenderness, the beauty, the force of the living will – its faults, and its struggles, and its victories, and its maturity, and its quivering affection. What has death to do with these? They are our undying possession."[8]

- Nach dem plötzlichen Tod eines relativ neuen, aber sehr geschätzten Bekannten erhielt ich von seiner Witwe eine Karte, auf der stand: „Die Erinnerung ist ein Fenster, durch das wir Dich sehen können, wann immer wir wollen".
  So wie ich es verstehe, passt auch diese Aussage und der Trost, den sie spendet, sehr gut zu der Existenz der Vergangenheit. Denn nur, wenn es die Vergangenheit wirklich gibt, macht die Rede vom ‚Sehen' einer

---

[7] (Holland 1910).
[8] Ibid.

verstorbenen Person Sinn. Dabei kommt die Analogie von Wahrnehmung und Erinnerung zur Anwendung, von der wir in Kap. 6 bereits im Detail gesprochen haben: Genau so, wie wir in der Wahrnehmung davon ausgehen, dass es die wahrgenommenen Gegenstände in der Regel wirklich gibt, macht es gut Sinn, in der Erinnerung davon auszugehen, dass es – in Fällen, in denen wir keiner Täuschung unterliegen – die Objekte der Erinnerung wirklich gibt.

- Es gibt in der Trauer-Forschung einen vergleichsweise neuen Ansatz, der davon ausgeht, dass es zwischen der verstorbenen Person und der trauernden Person auch nach dem Tod eine Beziehung gibt, die sich zwar verändert, aber nicht einfach abreißt: „The continuing bonds approach to bereavement spans a variety of largely complementary perspectives and claims. Together, they challenge a view that has become orthodox in some cultures, according to which grief ultimately involves severing a bond with the deceased – letting go or moving on. Instead, it is proposed, the bereaved generally maintain a sense of connection with those who have died, in ways that are interpersonally and culturally diverse. […] the relationship is reconstructed in such a way that it remains viable. So, although the relationship may be changed markedly, it is not altogether lost."[9] Diese Beziehungen werden generell als positiv und gesund beschrieben: „We hope that this book demonstrates the rich possibilities of what we see as healthy, enduring bonds with the dead."[10]

Die Frage, die sich philosophisch sofort stellt, ist: ‚wenn es eine Beziehung zu verstorbenen Personen gibt, was sind die Dinge, die in der Beziehung miteinander verbunden sind?'. Wenn es nur das gibt, was in der Gegenwart ist, dann kann diese Verbindung nur mit gegenwärtig existierenden Dingen bestehen; also entweder mit Vorstellungen von der verstorbenen Person in meinem Kopf oder mit irgendwie gearteten nach ihrem Tod weiterexistierenden Personen. Die erste dieser Lösungen erscheint irgendwie unbefriedigend, weil es ja dann am Ende doch keine Beziehung ist, die ich führe, sondern nur

---

[9] (Ratcliffe 2022, S. 134).
[10] (Klass et al., 1996, Kapitel 1).

ein interner Monolog; und die zweite Lösung ist sehr annahmereich, weil sie nur bei einem Leben nach dem Tod Sinn macht.[11]

Die Existenz der Vergangenheit andererseits hat eine sehr einfache Antwort auf diese Frage: Die wirklich existierende Person, zu der ich auch nach dem Tod weiterhin eine Beziehung habe, ist die wirklich in der Vergangenheit existierende Person. Natürlich kann es keine kausale Einwirkung von mir auf diese Person mehr geben, aber eine kausale Einwirkung von ihr auf mich sehr wohl.

Da der ‚continuing bonds'-Ansatz oft als positiv und tröstend beschrieben wird, scheint es mir ein lebensweltliches Argument für die Existenz der Vergangenheit, dass sie eines der zentralen Probleme dieses Ansatzes sehr gut lösen kann.

Aber der Tod ist auch ein Übel, wenn die Vergangenheit noch existiert

Was ich im letzten Abschnitt geschrieben habe, könnte suggerieren, der Tod sei wirklich kein Problem; und alle, die sich um ihn Sorgen machen, seien unvernünftig. Das ist nicht wahr, und der Tod behält einen Schrecken, auch wenn wir an die Existenz der Vergangenheit glauben. In diesem Abschnitt will ich zeigen, worin dieses neue Übel besteht und warum es anders ist als die beiden oben beschriebenen Schrecken, gegen die die Existenz der Vergangenheit ein gutes Gegenmittel war.

---

[11] Die verschiedenen ontologischen Implikationen des ‚continuing bonds' Ansatzes werden in Kapiteln 14, 15 und 16 eines neueren Sammelbands des gleichen ersten Herausgebers wie bei dem originalen Band von 1996 thematisiert (Klass und Steffen 2018). Dort wird auch ganz eindeutig die Frage problematisiert, was eigentlich das Relatum des ‚bonds' nach dem Tode ist: „The continuing bonds model does not allow us so easily to foreclose the ontological status of the dead and the experiences by which we interact with the dead. The question the continuing bonds model raises for philosophers, as well as for lay bereaved people, is: What is the ontological status of continuing bonds?" (Ibid., in der Einleitung). In dem Band werden aber vor allem die beiden oben im Text diskutierten Ansätze, mit einem Schwerpunkt auf paranormale Sichtweisen des Lebens nach dem Tod, diskutiert. Der Ansatz, dass das Relatum einfach die in der Vergangenheit existierende Person sein könnte, wird meines Wissens nach von Autoren in diesem Kontext bisher nicht erwähnt.

Auch in der oben zitierten Predigt von Henry Scott Holland spielt er den Tod und seine Grausamkeit nicht herunter. Denn obwohl er dort die Nichtigkeit des Todes mit sehr effektiver poetischer Sprache beschreibt, kommt er auch immer wieder auf die Tatsache zurück, dass was wir trotzdem so viel verloren haben, und schreibt „The long, horrible silence that follows when we become aware of what we have lost out of our daily intercourse by the withdrawal of the immediate presence will cut its way into our souls."[12] Die Existenz der Vergangenheit hilft hier nichts, denn auch, wenn eine Person weiter in der Vergangenheit existiert, existiert sie trotzdem nicht mehr im Jetzt. Ich kann nicht mehr mit ihr interagieren, sie ist nicht mehr Teil des täglichen Austausches zu neuen Themen miteinander etc.

Und es ist ja noch viel mehr, was trotz der Existenz der Vergangenheit durch den Tod verloren geht, nämlich die ganze Zukunft. Mit dem Tod ist, falls es kein Leben nach dem Tod gibt, die Geschichte meines Lebens vorbei, auch wenn es in der Vergangenheit weiter existiert. Ich werde keine neuen Erfahrungen mehr sammeln, ich werde zum Beispiel nicht mehr erleben, was meine Familie und Freunde nach meinem Tod machen. Dieser Verlust der Zukunft ist nicht nur mit Blick auf meinen eigenen Tod schrecklich, sondern auch mit Blick auf den Tod geliebter Menschen – wie Douglas Hofstadter, über den wir am Anfang dieses Kapitels bereits viel gesprochen haben, belegt, wenn er beschreibt, was für ihn am Tod seiner Ehefrau das Schlimmste war:

> „What hit me by far the hardest was not my own personal loss ("Oh, what shall I do now? Who will I turn to in moments of need? Who will I cuddle up beside at night?") – it was Carol's personal loss. Of course I missed her, I missed her enormously – but what troubled me much more was that I could not get over what she had lost: the chance to watch her children grow up, see their personalities develop, savor their talents, comfort them in their sad times, read them bedtime stories, sing them songs, smile at their childish jokes, paint their rooms, pencil in their heights on their closet walls, teach them to ride a bike, travel with them to other

---

[12] (Holland 1910).

lands, expose them to other languages, get them a pet dog, meet their friends, take them skiing and skating, watch old videos together in our playroom, and on and on. All this future, once so easily taken for granted, Carol had lost in a flash, and I couldn't deal with it."[13]

Für die Frage, was genau es ist, was in dieser Passage so gut beschrieben wird, können wir auf eine phänomenologische Beschreibung der Trauer blicken, weil ich glaube, dass in diesem Fall die Erfahrung sehr gut der Wirklichkeit entspricht. In dem Buch „Grief Worlds" beschreibt Matthew Ratcliffe die Erfahrung bei der Trauer eher als Erfahrung eines Verlustes an Möglichkeiten und nicht so sehr als Erfahrung der Abwesenheit einer Person: „Grief does not have a singular, concrete object. What we experience and engage with over the course of a grief process is a loss of possibilities, aspects of which can be described in terms of various other, more specific objects. Hence, the overarching object of grief is not something concrete that has ceased to be – a person or a relationship."[14]

Gegen diesen Verlust von Möglichkeiten kann auch die Existenz der Vergangenheit nichts ausrichten.

Aber es kann vielleicht auch hier ein Trost sein, daran zu denken, dass in der Vergangenheit existierende Personen, auch wenn sie das nicht mehr als Veränderung ihres eigenen Lebens erleben, unser Leben weiter beeinflussen, stützen und tragen. Wie genau das zu verstehen ist, wird ein Thema des nächsten Kapitels werden.

---

[13] (Hofstadter 2007, S. 227).
[14] (Ratcliffe 2022, S. 154).

11

Dass es die Vergangenheit noch gibt, ist der Grundstein der Welt

Wir hatten im letzten Kapitel gesagt, dass verstorbene Personen uns sehr wohl kausal beeinflussen können, auch wenn wir sie nicht mehr beeinflussen können. Was genau damit gemeint ist, ist ein Ausgangspunkt dieses Kapitels. Das Argument wird sein: Wenn es die Vergangenheit noch gibt, dann können wir viel besser verstehen, warum die Gegenwart so ist, wie sie ist, weil die Vergangenheit der existierende ‚Grund' ist, der die Gegenwart trägt und stabilisiert.

Gründe für die Gegenwart

Der Grund, warum ich ein bestimmtes Buch so liebe, ist, dass mein Großvater es mir immer vorgelesen hat; Der Wunsch meiner Vorfahren nach Freiheit hat dazu geführt, dass meine Familie ausgewandert ist und ich hier geboren wurde; Diese Straße ist so gerade, weil sie eine alte Römerstraße ist, und die Römer haben gerne sehr gerade Straßen gebaut; In England sind so wenige Menschen katholisch, weil Henry VIII mithilfe von Thomas Cromwell die Abspaltung der anglikanischen Kirche von der katholischen Kirche zum politischen Vorteil vorangetrieben hat; Eine bestimmte Art, über die Trennung von Leib und Seele nachzudenken, geht auf Descartes zurück; Unser philosophisches Denken ist maßgeblich geprägt von den Temperamenten und Ideen der alten Griechen, die das Meer und die Wellen liebten und die unter Olivenbäumen Schatten vor der Mittagshitze suchten.

Alle diese Sätze erscheinen uns ganz normal und sinnvoll. Natürlich ist es oft schwierig, die verschiedenen Einflüsse, die die Vergangenheit auf uns hat, auseinander zu halten, weil das Allermeiste, was heute passiert, mehrere Gründe hat. Aber kaum jemand würde, denke ich, bezweifeln, dass die Vergangenheit sehr viel Einfluss auf die Gegenwart hat, und dass dabei manche Ereignisse oder Personen – die eigenen Eltern, eine Hochzeit, ein oft nachvollzogener Gedanke, ein Verbrechen – mehr Einfluss haben als andere.

Wenn die Vergangenheit noch existiert, dann können wir diese Gründe dafür, warum die Welt und wir und unsere Gedanken heute so sind, wie sie sind, ganz einfach erklären: Die Menschen und Ereignisse in der Vergangenheit beeinflussen uns, sie formen uns und sie geben uns Impulse und Anregungen.

Es gibt in der Philosophiegeschichte ein einflussreiches Prinzip, benannt nach Platons Dialog „Sophistes", der mit der Definition eines griechischen Anglers anfängt und dann immer abstraktere Definitionen entwickelt: Das sogenannte „eleatische Prinzip". Es besagt in einer modernen Formulierung: „to exist is to have causal powers".[1] Wenn man das ‚is' als Äquivalenz versteht[2], besagt das Prinzip, dass immer, wenn etwas existiert, es kausalen Einfluss ausüben muss, und immer wenn etwas kausalen Einfluss ausübt, es existieren muss. Dieses Prinzip, auch wenn Plato es positiv zu bewerten scheint, muss man natürlich nicht als wahr akzeptieren. Es wird aber meines Wissens eigentlich nur die Wahrheit des eleatischen Prinzips infrage gestellt, wenn es um die erste Richtung geht – also, ob es nicht vielleicht doch Dinge gibt, die keinen kausalen Einfluss ausüben. Ein Zweifel an der anderen Richtung – also die

---

[1] (Cargile 2003, S. 143).
[2] Ich denke, Platons Formulierung im Sophistes kann man als eine solche in beide Richtungen geltende Gleichsetzung von Einfluss und Existenz deuten, siehe z. B. Sophistes 247e.

Überlegung, ob es nicht vielleicht doch möglich ist, dass Dinge, die es nicht gibt, trotzdem kausalen Einfluss ausüben – ist mir nicht bekannt.

Also muss es die Vergangenheit auch geben, wenn sie uns kausal beeinflusst.

Die Kombination aus unseren alltäglichen Sprechweisen über den Einfluss der Vergangenheit und der unproblematischen Schlussrichtung des eleatischen Prinzips passt also sehr gut zur Existenz einer Vergangenheit, die es gibt und die uns beeinflusst. Und genauso wird es eine Zukunft geben, die wir beeinflussen.

In dem Worten von Thomas Wolfe am Anfang von „Schau Heimwärts Engel":

> „Der Same unseres Verfalls wird in der Wüste blühen, am Fels wächst das Heilkraut, und unser Leben wird von einer Hure aus Georgia heimgesucht, weil ein Londoner Taschendieb ungehenkt blieb. Jeder Augenblick ist die Frucht von vierzig tausend Jahren".[3]

Transtemporale Kausalität?

Wir haben gerade gesagt, dass die alten Griechen und ihre Philosophie unser heutiges Denken maßgeblich geprägt haben. Und dass es sie, wenn es die Vergangenheit noch gibt, mit ihrem mediterranen Temperament und ihrer Liebe zum Meer immer noch gibt, diese alten Griechen in der Vergangenheit. Und auch, dass von ihnen dieser Einfluss auf uns ausgeht, den wir spüren und über den wir sprechen. Aber sind es nicht eigentlich ihre Auswirkungen, die uns beeinflussen? Diese Auswirkungen haben sich teilweise als mündliche Überlieferung, teilweise als Schriftstücke von Athen nach Rom und von dort in die ganze westliche Welt ausgebreitet und ragen ja bis in die Gegenwart hinein. Kann man deswegen nicht unproblematisch sagen, die alten Griechen beeinflussen

---

[3] (Wolfe 1929, S. 11).

uns, obwohl es sie gar nicht mehr gibt – weil es ja ihre Auswirkungen gibt?

Wir kommen hier – wie bereits kurz in Kap. 8 – auf die Frage der Kausalketten. Denn es ist in den meisten, wahrscheinlich sogar in allen, Fällen sehr plausibel zu sagen, dass eine Auswirkung sich durch die Zeit schrittweise ausbreiten muss. Also, dass die alten Griechen eben Überlieferungen brauchen, um auf mich einzuwirken, und das nicht direkt und unvermittelt – man könnte sagen magisch – passieren kann. Wir hatten in Kap. 3 gesehen, dass die aktuelle Physik durchgehend diese Eigenschaft hat, dass Dynamiken schrittweise durch die Zeit stattfinden. Spricht nicht die Existenz einer Kausalkette dafür, dass der wirkliche Grund für die Gegenwart immer nur der letzte Moment und die in ihm gespeicherten Einflüsse der Momente davor ist, und nicht irgendwelche weit zurückliegenden Personen oder Ereignisse?

Ich denke, wir haben viele gute Argumente, in der Philosophie Kausalität so zu fassen, dass trotz der unbezweifelbaren Existenz von Kausalketten in einem philosophisch sehr robusten Sinne der Grund für ein gegenwärtiges Ereignis weiter weg in der Vergangenheit liegt. Hier sind drei solche Argumente:

- Vor Gericht ist es üblich und erscheint völlig selbstverständlich, dass wir nach dem Grund eines Ereignisses fragen, und dabei weiter zeitlich zurück in einer Kausalkette gehen: Warum sind die Fische im See gestorben? Natürlich sind sie gestorben, weil ihre Herzen aufgehört haben zu schlagen; das ist passiert, weil ihr Nervensystem nicht mehr richtig funktioniert hat; das ist passiert, weil sie viel Gift im Blut hatten; das ist passiert, weil die Konzentration des Giftes im Wasser zu hoch war; das ist passiert, weil Arbeitende tonnenweise Gift ins Wasser gekippt haben; dass ist passiert, weil diese von ihrem Vorgesetzten die Anweisung dazu bekommen haben; und das wiederum ist passiert, weil die Leitung der Firma beschlossen hat, das Gift heimlich zu entsorgen, um Geld zu sparen. Damit wäre vor Gericht vor allem die Entscheidung der Firmenleitung der Grund für den Tod der Fische und sie würde zurecht zu einer hoffentlich hohen Strafe verurteilt. Es ist vor Gericht auch üblich, diese Kausalität in ein ‚mehr' und ein ‚weniger' zu verteilen, und zum Beispiel die Arbeitenden, die das Gift auf Befehl ins Wasser gekippt haben, auch zu einer, vielleicht geringeren, Strafe zu verurteilen, weil sie zu dem Tod der Fische kausal beigetragen haben, auch wenn sie nicht der Hauptgrund waren.

Genauso abgestuft auf mehrere weiter in der Vergangenheit liegende Gründe würden wir es machen, wenn wir sagen ‚ich habe mich dazu entschlossen, dieses Fach zu studieren, weil die Begeisterung meiner Großmutter für das Thema mich beeinflusst hat, aber auch, weil die Fakultät bequem nahe an meiner Wohnung ist und weil ich von Bekannten viel Gutes darüber gehört hatte'.[4]

- Wenn wir in möglichen Welten denken, also die Frage stellen, wie es – anders als es jetzt ist – auch hätte sein können, dann merken wir auch, dass es in den Kausalketten oft weiter in der Vergangenheit zurückliegende ‚Knotenpunkte' gibt, die viel eher als Grund für ein jetziges Ereignis infrage kommen als die näherliegenden Schritte in der Kausalkette: Ich bin gerade in Japan, und ich bin an einem bestimmten Tag mit einem bestimmten Flugzeug hierher geflogen. Aber es gibt viele mögliche Welten, in denen ich ein anderes Flugzeug genommen habe, oder an einem anderen Tag hierher geflogen bin. Was alle diese Welten gemeinsam haben, ist, dass ich mich vor ca. 6 Monaten entschieden habe, nach Japan zu fliegen. Und es gibt nur sehr viel weniger mögliche Welten, in denen ich zwar entschieden habe, nach Japan zu fliegen, aber jetzt nicht hier bin. Und es gibt extrem wenige mögliche Welten, in denen ich mich dagegen entschieden habe, nach Japan zu fliegen, aber trotzdem hier bin. Daher macht es viel mehr Sinn zu sagen, meine sechs Monate zurückliegende Entscheidung ist der Grund, warum ich hier bin, als zu sagen, das Flugzeug, was mich hierhergebracht hat, ist der Grund. Genauso kann man es auch in noch größeren zeitlichen Zusammenhängen denken: Es gibt viele verschiedene mögliche Welten, in denen ich mein Studienfach ergriffen habe; sie unterscheiden sich zum Beispiel darin,

---

[4] Dass die philosophischen Definitionen Schwierigkeiten mit diesen Abstufungen haben, es aber vielversprechende Ansätze gibt, die philosophischen Ansätze so zu fassen, wird zum Beispiel bei (Demirtas 2022) diskutiert.

wann ich angefangen habe zu studieren, in welcher Stadt ich studiert habe etc. Sehr viele dieser möglichen Welten enthalten die Tatsache, dass meine Großmutter begeistert von dem Fach mit mir gesprochen hat. Und es gibt vergleichsweise wenige mögliche Welten, in denen meine Großmutter das nicht getan hat, aber ich trotzdem das Fach studiert habe. Es ist also genau richtig zu sagen, dass die Begeisterung meiner Großmutter einen großen Einfluss auf die Wahl meines Studienfachs hatte, obwohl das schon Jahrzehnte zurück liegt.[5]

- Auch an anderen Stellen in der aktuellen Philosophie gibt es das Problem, dass man sinnvollerweise ein richtiges Glied in einer Kausalkette auswählen muss; zum Beispiel, wenn man einer eher kausalen Theorie der Wahrnehmung anhängt. Damit ich, wenn ich auf einem Feld stehe und einen Baum sehe, sagen kann, dass ich den Baum wahrnehme und nicht das Licht vor meinen Augen, und nicht die neuronale Aktivität in meinem Gehirn, muss ich aus der Kausalkette, die von der Sonne und ihrem Licht zu dem Baum zu meinen Augen zu meinem Gehirn führt, ein bestimmtes Element – eben den Baum – auswählen: als das, was ich sehe. Jerry Fodor nennt das in dem Buch „LOT 2 – the language of thought revisited" das ‚Which link' Problem, und beschreibt es wie folgt („referent' meint im Folgenden das Element in der Kette, woran ich denke, also der Baum anstatt des Lichts etc.'):

„But causal chains extend (presumably) indefinitely in both directions. So, the question arises what determines which link in such a chain of events is the referent of the thought […].

---

[5] Es ist sicher noch einiges an philosophischer Arbeit zu rezipieren und zu leisten, um das zu einer soliden Theorie zu machen. Zum Beispiel muss es gelingen, Elemente in der Kausalkette auszuschließen, die noch weiter zurück liegen, aber in allen möglichen Welten zutreffen. Ohne die Entstehung der Erde wäre ich zum Beispiel nicht in Japan, aber der kausale Einfluss dieses Ereignisses ist zu breit verteilt, als dass es Sinn machen würde zu behaupten, dass die Entstehung der Erde einer der Gründe dafür ist, dass ich in Japan bin. Ein Ausgangspunkt für die technischere Diskussion, der auch explizit Bezug auf die juristische Praxis nimmt, kann (Braham und van Hees 2009) sein.

For all I know, every causal chain there ever was reaches all the way back to the big bang. If so, it may seem that no causal theory can rule it out that the big bang is all that anybody ever thinks about. But, surely, nobody thinks about the big bang all of the time; not even Woody Allen. Something must be done."[6]

Fodors Lösung in LOT 2 ist eine Art Triangulation, in der ich frage, wie es hätte anders sein können, und ich trotzdem an einen Baum gedacht hätte; ich hätte einen Meter weiter links stehen können, das Licht hätte anders auf das Feld fallen können, mein Gehirn hätte gerade mit anderen Gedanken beschäftigt sein können, aber in allen den (normalen) Fällen, in denen ich einen Baum sehe, muss die Kausalkette den Baum involvieren. Also kann ich berechtigterweise[7] sagen, dass ich an den Baum denke.

Man kann auch die Darstellung der See-Vergiftung und meiner Reise nach Japan in den letzten beiden Punkten als solche Triangulationen verstehen. Es ist also so, dass die Philosophie uns Werkzeuge an die Hand gibt, wie wir die richtigen Elemente in einer Kausalkette als echte Ursache festlegen, auch, wenn diese Elemente zeitlich weiter zurücklegen.

Wir haben in diesen drei Punkten gesehen, dass es viele gute Argumente gibt, dass wir – sehr rigoros argumentiert – die Gründe für Gegenwärtiges in der weiter entfernten Vergangenheit verorten sollten. Die reine Existenz von Kausalketten spricht also nicht dagegen, dass wir trotzdem philosophisch eine die Zeit überbrückende Kausalität annehmen sollten, bei der die Ursache einer heutigen Wirkung in der Existenz einer verstorbenen Person oder einer vergangenen Kultur liegt.

---

[6] (Fodor 2008, S. 202 und 206).

[7] Offensichtlich ist die Sache mit dem Gehalt der Wahrnehmung viel komplizierter, als das hier dargestellt ist; ich persönlich glaube zum Beispiel, dass eine so einfache, kausale Theorie der Wahrnehmung nicht haltbar ist. Aber das ist nicht das Thema dieses Buches.

Wie fühlt es sich an, zu denken, dass die existierende Vergangenheit mich beeinflusst?

Bisher haben wir in diesem Kapitel argumentiert, dass die Annahme der Existenz der Vergangenheit zu unserem alltäglichen Sprechen vom Einfluss der Vergangenheit passt; und dass es gut Sinn macht, trotz der Existenz von Kausalketten die entferntere Vergangenheit als einflussreichen Grund auf heutige Ereignisse zu verstehen. Aber wir suchen ja vor allem nach lebensweltlichen Argumenten, und die reine Passung zu unserer Art zu sprechen ist da noch zu wenig.

Ein Stück weit ist gibt es eine Überlappung mit den Argumenten aus Kap. 8 und 10: Dass es in der Vergangenheit existierende Personen gibt, die und deren Handlungen ich als Gründe für die Existenz heutiger Personen und ihrer Gedanken, Gefühle und Entscheidungen verstehen muss, macht mich weniger einsam und kann mir im Angesicht des Todes einen gewissen Trost spenden.

In diesem Kapitel kommt noch ein neues lebensweltliches Argument dazu: Diese Idee der Wirksamkeit einer existierenden, weiter entfernten Vergangenheit trägt und erklärt die heutige Welt. Durch das, wie William Faulkner es nennt, „vast weight of man's incredible and enduring *Was*"[8] bekommt die Welt Stabilität und Solidität. Wir müssen nicht mehr das ganze Gewicht unserer Existenz im Jetzt tragen, wir müssen nicht mehr zu jedem Zeitpunkt alles, was wir sind, manifestieren. Und wir müssen nicht alles, was heute passiert, nur vor dem Hintergrund der Gegenwart verstehen – sondern wir können uns und unsere gegenwärtige Welt metaphorisch gesprochen verstehen als die Spitze eines Astes, der an einem großen, alten Baum wächst, und der durch diesen Baum getragen und gestützt wird. Die Gegenwart, und wir in der Gegenwart, haben Wurzeln in vergangenen Momenten, die durch die Jahrzehnte und Jahrhunderte laufen und die uns stützen und uns helfen, unsere Existenz zu begründen – egal, ob wir das gerade bemerken oder nicht; und egal, wie vermeintlich weit weg diese vergangenen Momente sind.

---

[8] (Faulkner 1951, S. 187).

Genauso werden wir und unsere Handlungen und Ideen die Zukunft beeinflussen und tragen.

Der Musiker Warren Ellis beschreibt das in dem Buch „Nina Simone's Gum", anlässlich eines Momentes in der Kindheit, bei der er und sein Bruder Clowns getroffen haben, so:

> „Our actions have repercussions whether immediate or years later. In our lifetime and beyond our years. Tiny depth charges set off miles below the surface of the sea. Watching the ripples form, then expand and vibrate, connecting continents. Actions waiting for an answer in the future. Ideas waiting for people to attach to. Waiting to be heard. To remind us. To connect us. To make us imagine. Dream. […]
>
> I wrote a five-word email to my older brother Steven, 16 August 2020, asking him a question: 'Do you remember the clowns?'.
>
> He replied 19 August 2020: 'G'Day, mate, hope you are all well. 100%. I remember clowns. I have given this some thought over the years.'
>
> I called my brother Steven on the landline telephone, 29 August 2020. We hadn't spoken about this in over 40 years. Historically we have maybe shared three emails. Spoken maybe a dozen times on the phone in over four decades. To say we are estranged wouldn't even come close. He answered the phone. I could see my brother as a little boy of seven when he spoke. Hear the wonder and excitement in his voice."[9]

Diese uns tragende, und uns echt beeinflussende Existenz der Vergangenheit bedeutet auch, dass man die Aufgabe von Museen, Historiker:innen und Archäolog:innen ganz anders verstehen sollte. Sie erforschen einen Teil der existierenden Welt, genau wie Entdecker:innen, die im Jetzt neue Landstriche zum ersten Mal kartographieren, oder Wissenschaftler:innen, die neue Umwelteinflüsse auf den Menschen entdecken. Nur dass die Teile der Welt, mit denen sich Historiker:innen beschäftigen, nicht, wie bei der Kartographie, in räumlicher Entfernung liegen, sondern eben in zeitlicher Entfernung, in der Vergangenheit. Aber genau wie bei der Erforschung von Umwelteinflüssen im Jetzt ist diese Forschung unter anderem deswegen relevant,

---

[9] (Ellis 2021, S. 187).

weil sie Ursachen und Mechanismen offenlegt, die heute unser Leben beeinflussen und mit denen wir besser umgehen können, wenn wir sie verstanden haben.

Diese Sichtweise eröffnet uns auch einen Zugang zur Vergangenheit, der diese viel ernster nimmt als nur als ‚Überlieferung'. Mit viel Forschung und viel Kontakt zu originalen Orten können wir an dieser Vergangenheit in gewissem Sinne teilhaben. Die Schriftstellerin Marguerite Yourcenar hat diese Kunst beherrscht, und hat in ihrem Buch „Memoirs of Hadrian" eine überzeugende Erzählung aus der Ich-Perspektive Hadrians geschrieben, eines römischen Kaisers, der sich besonders um die Stabilisierung des römischen Reiches anstatt um dessen Erweiterung bemüht hat, und der Athen und die alten Griechen besonders bewunderte. Ihr Buch ist – in ihren eigenen Worten – auch zu verstehen als eine „constant participation, as intensely as possible, in *that which has been*".[10] Natürlich behauptet sie nicht, dass alles, was in ihrem Buch vorkommt, der Wirklichkeit entspricht, aber genauso wenig ist alles Fiktion. Genau wie bei jedem anderen Versuch, die existierende Wirklichkeit zu beschreiben, gibt es Fehler und Ungenauigkeiten, aber das bedeutet nicht, dass nicht auch Wahrheiten enthalten sind: „With this kind of truth, as with all others, the problem is the same: one errs *more* or *less*."[11]

Sie versteht dabei, genau wie oben beschrieben, den Zugang zur Vergangenheit analog zum Zugang zu räumlich entfernten Gegenden, und öffnet in beeindruckender Weise den Zugang zur antiken Welt mit Leichtigkeit: „It is always surprising to me that my contemporaries, masters as they consider themselves to be over space, apparently remain unaware that one can contract the distance between centuries at will".[12]

---

[10] (Yourcenar 1954, S. 328).
[11] (Ibid. S. 330).
[12] (Ibid. S. 330).

12

Zweiter Einschub: Warum die Existenz der Vergangenheit für unser Lebensgefühl auch auf der Erde einen Unterschied macht

Wir sind jetzt kurz vor dem Ende der neuen, lebensweltlichen Argumente für die Existenz der Vergangenheit; ein guter Zeitpunkt, um kurz innezuhalten und Sie, liebe Leser:in, zu fragen, ob diese Argumente Ihre Haltung zur Frage der Existenz der Vergangenheit verändert haben.

Vielleicht war das gar nicht nötig, und Sie haben schon zuvor die Existenz der Vergangenheit für die plausiblere Variante gehalten – entweder explizit oder vielleicht nur implizit, ohne groß darüber nachzudenken. Dann haben die bisherigen Argumente vielleicht nur Ihre Überzeugung gestärkt oder klarer gemacht.

Vielleicht haben Sie die Argumente auch überzeugt, dass die Existenz der Vergangenheit ernster zu nehmen ist als Sie das vorher dachten – obwohl Sie vorher zu einer Art Präsentismus neigten, entweder als philosophische Theorie oder nur als Intuition.

Aber vielleicht ist es auch so, dass Sie nicht besonders überzeugt sind, entweder von der ganzen Art zu argumentieren oder von den einzelnen Argumenten, und weiterhin den Glauben an die Existenz der Vergangenheit für einen Irrweg halten.

In letzterem Fall will ich noch einmal versuchen, durch eine Rückkehr zu dem Beispiel mit dem Raumschiff aus dem ersten Einschub einen weiteren Punkt aufzuzeigen.

Das Szenario ist folgendes: Ein Raumschiff fliegt ohne Kontakt, ohne Möglichkeit, eine Nachricht abzusetzen und ohne Hoffnung auf Rettung durch das leere Weltall. Alle auf dem Raumschiff sind sicher, dass in spätestens 1000 Jahren alles Leben an Bord ausgestorben sein wird; aber es ist auch so, dass in den nächsten Jahrhunderten vermutlich das Leben wie geplant ungestört weitergehen wird.

In dem ersten Einschub hatte ich versucht zu argumentieren, dass es für die Frage, ob sich in dieser Situation an Bord alle sterilisieren lassen sollen oder nicht, einen sehr konkreten und handlungsrelevanten Unterschied macht, ob man an die Existenz der Vergangenheit glaubt oder nicht.

In diesem zweiten Einschub geht es nun darum zu zeigen, dass die Situation auf dem Raumschiff nicht prinzipiell anders ist als unsere Situation auf der Erde – und dass damit für uns die Existenz der Vergangenheit im Grunde genauso konkret und handlungsrelevant ist. Warum?

Nun, der Blick in die Geschichte der verschiedenen Spezies auf der Erde und auf dynamischere Entwicklungen, wie zum Beispiel die menschengemachte Klimakatastrophe, lässt es sehr, sehr wahrscheinlich erscheinen, dass auch die Spezies Mensch innerhalb der nächsten Jahrmillionen – oder schon deutlich früher – ausstirbt. Und wenn das nicht reicht: In ungefähr fünf Milliarden Jahren, was nur geringfügig länger ist als die Zeitspanne, seit es Leben auf der Erde gibt, wird die Sonne anfangen zu sterben. Selbst, wenn die Menschheit die damit verbundenen gewaltigen Schwierigkeiten irgendwie überleben sollte, werden irgendwann die nächsten kosmischen Veränderungen auftauchen, die nochmal deutlich absurdere Skalen betreffen – Kollisionen von Himmelskörpern in unserer Galaxie, Kollisionen von Galaxien, ganz große Dynamiken wie den sogenannten „Wärmetod" des Universums etc. Die Wahrscheinlichkeit, das alles als Menschheit zu überleben, erscheint mir gleich Null.

Am Ende ist also die Situation der Menschheit genau die gleiche wie die der Menschen auf dem Raumschiff. Wenn wir glauben, dass es nur die Gegenwart gibt, dann können wir uns sicher sein, dass irgendwann die Menschheit einfach existentiell ausgelöscht sein wird, und auch all ihre Spuren aus der Welt verschwunden sein werden. Wenn es die Vergangenheit nicht gibt, dann ist es ab diesem sicher irgendwann eintretenden Zeitpunkt so, als habe es die Menschheit nie gegeben. Das Endergebnis ist dann also das gleiche, egal ob die ganze Menschheit heute aufhört sich fortzupflanzen oder ob die Geschichte noch Jahrtausende oder Jahrmillionen weitergeht.

Wenn Sie, liebe Leser:in, die Vorstellung einer sicheren Auslöschung in der hypothetischen Situation auf dem Raumschiff existentiell unruhig gemacht hat, und den Gedanken an die Existenz der Vergangenheit irgendwie attraktiver gemacht hat, dann gilt genau das gleiche für unsere sehr reale Situation auf der Erde. Das nächste, und letzte, lebensweltliche Argument für die Existenz der Vergangenheit wird genau auf diese große Vergänglichkeit nochmal Bezug nehmen.

13

Dass es die Vergangenheit noch gibt, erlaubt uns der großen Vergänglichkeit zu widerstehen

Das Argument in diesem kurzen, letzten Kapitel des zweiten Teils ist ganz grob gesprochen: Die Existenz der Vergangenheit ist die einzige Möglichkeit, der beängstigenden großen Vergänglichkeit etwas entgegenzusetzen, ohne dabei von einem Leben nach dem Tod ausgehen zu müssen.

Die große Vergänglichkeit

Es ist unbestreitbar, sowohl für das eigene Leben und auch – wie eben im zweiten Einschub argumentiert – für die Menschheit insgesamt, dass unsere Zeit begrenzt ist. Das macht uns Angst und Sorgen, und wir versuchen, so viel wir können, unsere Zeit auf der Erde zu verlängern: Indem wir in unserem Leben schlimme Unfälle vermeiden oder medizinische Hilfe in Anspruch nehmen und indem wir als Menschheit große, existentielle Risiken für die ganze Menschheit früh versuchen zu erkennen und zu mindern. Aber wie sehr wir uns auch bemühen, es wird uns am Ende nicht gelingen, der Vergänglichkeit zu trotzen.

Wenn das Ergebnis sowieso das gleiche ist, kann man sich fragen, warum wir uns eigentlich so anstrengen. Das kann uns mit einer Art Nihilismus infizieren, wie William Shatner, der Schauspieler, der Capitan Kirk in der originalen Star Trek Serie gespielt hat, in folgendem Interview zum Ausdruck bringt:

> „It feels rude to ask a 90-year-old about death, so I ask instead what he wishes he had known at 20 that he knows at 90.
> 'Here is an interesting answer!', he says perkily. 'I'm glad I didn't know, because what you know at 90 is: take it easy, nothing matters in the end, what goes up must come down. If I'd known that at 20, I wouldn't have done anything!'".[1]

Wenn man diesen Nihilismus zu Ende denkt, wird er problematisch, weil er impliziert – wie Shatner hier eher spielerisch zu sagen scheint – ‚there is no point in doing anything'.

Man kann das auch als Fortsetzung und ‚zu Ende Denken' der Argumentation aus Kap. 7 sehen: Auch wenn wir glauben, dass unser immer nur in der Gegenwart existierendes Leben sinnvoll ist, obwohl die Gegenwart sehr klein ist und obwohl wir oft wertvolle Dinge verlieren, bleibt am Ende doch der absolute Verlust. Unser bis dahin vielleicht sinnvolles Leben ist dann weg und was es nicht mehr gibt, kann auch keinen Sinn haben.

Unsterblichkeiten

Genau die eben beschriebene große Vergänglichkeit ist der Ausgangspunkt vieler religiöser Botschaften, zum Beispiel des Christentums. Jesus sagt: „Ich bin die Auferstehung und das Leben. Wer an mich glaubt, der wird leben, ob er gleich stürbe; und wer da lebet und glaubet

---

[1] Siehe: https://www.theguardian.com/culture/2021/may/20/william-shatner-interview-love-loss-and-leonard-nimoy. (Abgerufen November 2024).

an mich, der wird nimmermehr sterben." (Johannes 11, 25–26). Der christliche Glaube an das ewige Leben ist eine große und hoffnungsvolle Idee und ich will – auch aus persönlicher Überzeugung – hier nicht dagegen argumentieren. Aber dass es irgendwie schwierig wird, wie genau man sich aus philosophischer Perspektive das Leben nach dem Tod vorzustellen hat, kann man auch nicht leugnen. Es erscheint schwer denkbar, dass es nach dem Tod einfach so wie bisher weitergeht mit dem Leben, nur woanders und besser und endlos. Auch wenn diese Vorstellung in vielen klassischen Bildern präsentiert wird – sei es, dass Verstorbene aus dem Himmel auf unser Leben blicken und daran teilhaben, oder sei es Dantes Paradiso, wo er verschiedene Heilige trifft und mit ihnen spricht – fällt es mir sehr schwer, daran wörtlich zu glauben und es nicht nur als eine Art Metapher zu verstehen. Dass das Leben einfach endlos weitergeht, erscheint mir auch irgendwie langweilig – man stelle sich einmal vor, was wirkliche Endlosigkeit bedeutet, also, dass ich zum Beispiel dann irgendwann mein trillionstes Gedicht geschrieben haben werde. Auch moderne christliche Denker:innen sehen das so. Godehard Brüntrup schreibt: „Ich kann mir schwer vorstellen, dass in einem jenseitigen Leben die Zeit einfach endlos weiterläuft".[2]

Diese Schwierigkeit, zu verstehen, was genau mit dem christlichen Leben nach dem Tod gemeint ist[3], ist aber nicht der einzige Grund, neu über Unsterblichkeit nachzudenken. Es wäre für viele Menschen vielleicht interessant zu hören, dass es eine andere – nicht unbedingt mit christlichen oder anderen spirituellen Vorstellungen einhergehende – Art gibt, eine Art Unsterblichkeit zu denken, die der großen Vergänglichkeit widersteht: Die Existenz der Vergangenheit. Ein Beispiel dafür, dass man die Vergangenheit als ‚Ort' der Unsterblichkeit sehen kann, findet sich

---

[2] (Brüntrup 2010, S. 264).
[3] Eventuell ist die Art, die Unsterblichkeit im Sinne der Existenz der Vergangenheit als ewige Erhaltung des gelebten Lebens zu verstehen, auch eine interessante Weise, sich aus einem religiösen Standpunkt einem Verständnis vom Leben nach dem Tod zu nähern. Sowohl die philosophischen Ideen von Alfred North Whitehead wie von George Santayana wären mögliche Ausgangspunkte: „Whitehead and Santayana also agree in their rejection of an afterlife conceived as an otherworldly paradise or postmortem existence in favor of a concept of immortality based on the eternal preservation of life as it was actually lived". (McHenry 2000, S. 229).

unter anderem in Bertrand Russells Essay ‚A free man's worship', das explizit die große Vergänglichkeit thematisiert, aber keine im engen Sinne religiöse Antwort gibt. Russel spricht in dieser Passage davon, wie wir mit unseren Mitmenschen umgehen sollten:

> "One by one, as they march, our comrades vanish from our sight, seized by the silent orders of omnipotent Death. Very brief is the time in which we can help them, in which their happiness or misery is decided. [...] And so, when their day is over, *when their good and their evil have become eternal by the immortality of the past*, be it ours to feel that, where they suffered, where they failed, no deed of ours was the cause; but wherever a spark of the divine fire kindled in their hearts, we were ready with encouragement, with sympathy, with brave words in which high courage glowed."[4] (meine Hervorhebung).

Für Personen, die keine religiösen oder spirituellen Überzeugungen haben, ist diese Sichtweise der Unsterblichkeit eventuell passender, weil sie mit viel weniger Annahmen einhergeht; man muss nicht an die Existenz von Gott oder Göttern glauben, und nicht an religiöse Gebote und Regeln zur Lebensführung.

Die Künstlerin Tracey Emin beschreibt, denke ich, auf ihre eigene Weise diese Vorstellung der Existenz der Vergangenheit in diesem Ausschnitt: „It's not religious beliefs [...] It's scientific really. I really do think there are other dimensions. I think that time is one of them. I'm sure there is a me that's sitting on the end of my bed looking at me when I was a little girl. I'm sure all these 'mes' are spread over time. It's not life after death, it's more like a transition into another realm."[5]

Allerdings ist der reine Glaube an die Existenz der Vergangenheit – im Gegensatz zu einer umfänglichen religiösen Weltsicht – natürlich noch keine vollständige Weltanschauung; und es ist gut denkbar, dass

---

[4] (Russel 1903, S. 18).
[5] Siehe: https://www.theguardian.com/artanddesign/2021/may/13/tracey-emin-on-beating-cancer-you-can-curl-up-and-die-or-you-can-get-on-with-it. (Abgerufen November 2024).

für eine solche vollständige Weltanschauung aus anderen Gründen religiöse oder spirituelle Überzeugungen dann doch attraktiv erscheinen. Ich selbst werde, schon im nächsten Kapitel, auf eine Art religiöse Überzeugung kommen – nicht, um die Unsterblichkeit zu begründen, sondern um die Gutheit der dann unsterblichen Welt zu begründen.

Teil III

Probleme und Antworten

14
Der Schrecken der Vergangenheit

Jetzt haben wir alle aus meiner Sicht relevanten lebensweltlichen Argumente gehört, die für die Existenz der Vergangenheit sprechen. Ich finde diese Argumente überzeugend. Aber ein vollständiges Bild kann erst entstehen, wenn wir auch mögliche lebensweltliche Argumente hören, die die Existenz der Vergangenheit problematisch erscheinen lassen.

Wir hatten in Kap. 2 vier Punkte aufgeführt, die intuitiv für den Präsentismus sprechen. Der erste, unser besonderer Bezug zur Gegenwart, ist im Rahmen der hier verwendeten Idee zur persönlichen Identität leicht erklärt: Die Gegenwart ist für die jeweils neueste Version von mir besonders, weil die Gegenwart das ist, wodurch sie in die Existenz gekommen ist und durch die sie sich von ihren Vorgängerversionen unterscheidet. Deswegen erleben verschiedene Versionen von mir verschiedene Augenblicke als Gegenwart und können „Jetzt" sagen, und sich dabei auf verschiedene Zeitpunkte beziehen. Dass dieser Ansatz zur persönlichen Identität auch lebensweltlich vertretbar ist, hatten wir in Kap. 6 argumentiert.

Der zweite intuitive Punkt für den Präsentismus war in Kap. 2 die Beobachtung, dass wir den Fortgang der Zeit als Verlust empfinden.

Auch diese lebensweltliche Tatsache kann der hier präsentierte Ansatz gut abbilden. In Kap. 10 hatten wir festgestellt, dass der Tod einen Schrecken behält, auch wenn die Vergangenheit weiter existiert – weil er das Ende von Möglichkeiten ist. Analog können wir das unbestreitbare Gefühl von Verlust beim Vergehen der Zeit verstehen: Wir verlieren in unserem Leben konstant Möglichkeiten. Weil wir etwas getan haben, haben wir 1000 andere Dinge nicht getan, und viele von diesen werden wir auch nie mehr tun können.

Es bleiben aus den intuitiven Punkten für den Präsentismus zwei, die nicht so leicht abzuhandeln sind: Der Schrecken der Vergangenheit, wenn sie nicht wirklich vorbei geht, und die Besonderheit der Gegenwart als Ort der Entscheidung. Diese beiden Themen werden in den letzten beiden Kapiteln behandelt werden.

Für den Schrecken der Vergangenheit kann man gute, aber annahmereiche, Argumente finden, wie die Vorstellung der Existenz der Vergangenheit mit diesem Problem umgehen kann – darum wird es in diesem Kapitel gehen. Ich werde nicht eine einzelne dieser Optionen bis ins Detail entfalten, aber halte die Summe der Argumente im Grunde für überzeugend.

Die Frage nach dem Ort der Entscheidung weist unter anderem auch auf die ausgeblendete Frage der Existenz der Zukunft hin, hier will ich dann im nächsten und letzten Kapitel nur verschiedene Optionen und Anknüpfungspunkte skizzieren.

Wie gut ist die Vergangenheit?

Auf den ersten Blick ist folgender Einwand sehr zutreffend: ‚Du findest den Glauben an die Existenz der Vergangenheit vielleicht lebensweltlich positiv, für Dich bedeutet sie die fortgesetzte Existenz einer wunderschönen Kindheit und eines wunderschönen Lebens – vielleicht mit ein paar größeren Problemen hier und dort, aber im Grunde gut und erhaltenswert. Aber was ist mit Personen, die großes Leid erlitten haben, und vielleicht auch aktuell ihr Leben primär als Leid erfahren. Würden die nicht eher die Existenz der Vergangenheit ablehnen, weil dann nur das Schlechte, was sie erdulden mussten, auch noch bewahrt wird?'.

Diese Sichtweise findet sich auch in dem englischen Spruch ‚And this, too, shall pass away' wieder – grob zu übersetzen als ‚Und auch dies wird vorüber gehen'. Abraham Lincoln zitiert diesen Spruch in einer Rede aus der Zeit, bevor er Präsident wurde. Er erzählt, der Spruch sei von Weisen für einen König formuliert worden, der darum gebeten hat, einen Spruch zu finden, der zu allen Zeiten angemessen ist. Lincoln macht auch klar, dass aus seiner Sicht in diesem Spruch ein großer Trost stecken kann: „How much it expresses! How chastening in the hour of pride; how consoling in the depths of affliction!".[1] Genau wie Arthur Priors Spruch „Thank goodness that is over", den ich in Kap. 2 zitiert habe, bringt das zum Ausdruck, dass das Fortschreiten der Zeit nicht nur als Verlust, sondern auch als Gewinn gesehen werden kann. Immerhin sind schlechte Dinge irgendwann vorbei und damit auch, wenn der Präsentismus wahr ist, einfach weg.

Wir müssen diese Idee noch etwas genauer ausdifferenzieren, bevor wir eine Antwort geben können, wie die Existenz der Vergangenheit damit umgehen kann. Im Grunde ist klar: Wenn die Vergangenheit noch existiert, dann existieren nicht nur die guten Dinge weiter, sondern auch die schlechten. Das fühlt sich problematisch an. Aber was ist mit ‚schlechte Dinge' gemeint?

Es gibt im Leben eine große Menge von schlechten Momenten: Peinlichkeiten, Enttäuschungen, Trennungen, Langeweile, medizinische Probleme oder auf Irrwegen vergeudete Zeit sind Beispiele für schlechte Dinge, die jeder Mensch erlebt, aber die sich meist auf die eine oder andere Art verkraften lassen. Wenn es nur um solche Dinge ginge, wäre das kein großes Problem für die Existenz der Vergangenheit; all so etwas kann Teil eines trotzdem im Grunde zu bejahenden Lebens sein, von dem wir auch wollen können, dass seine Vergangenheit weiter existiert.

Es gibt darüber hinaus eigene moralische Verfehlungen, die, wenn sie drastischer sind, das ganze Leben dauerhaft beeinflussen. Hier hatten wir in Kap. 9 festgestellt, dass es mit Blick auf die verursachende Person richtig erscheint, dass es diese Verfehlungen weiterhin gibt, weil sie

---

[1] Siehe: https://www.nps.gov/liho/learn/historyculture/amerfuture.htm. (Abgerufen November 2024).

der Stimme des Gewissens Kraft verleihen, die vielleicht irgendwann zu einem Lebenswandel führt.

Aber es gibt leider noch viel, viel schlimmere Dinge: Folter, Hungersnot, Vergewaltigung, Versklavung, Erniedrigung, Missbrauch, Freiheitsberaubung oder Vernachlässigung sind Beispiele für schreckliches Leiden, das Menschen als Opfer der moralischen Verfehlungen Anderer erdulden mussten und immer noch erdulden müssen. Große Schmerzen, schlimme körperliche Krankheiten, Depression, Schizophrenie oder Einsamkeit sind Beispiele für Dinge, die einer Person auch einfach aus Zufall zustoßen können und die schreckliches Leid verursachen.

Insbesondere diese beiden Arten von wirklich schlimmen Dingen sind aus meiner Sicht das, was die fortgesetzte Existenz der Vergangenheit problematisch erscheinen lässt. In Kap. 9 hatten wir zum Beispiel im Kontext der deutschen geschichtlichen Verantwortung von der fortgesetzten Existenz der Verbrechen der Nazis gesprochen. Aber können wir wirklich annehmen, dass die Leiden der Opfer der Nazis und die Konzentrationslager immer noch existieren? Natürlich haben die Alliierten die Nazis glücklicherweise besiegt und sie damit von weiteren Verbrechen abgehalten – aber lässt es nicht diesen Sieg über die Nazis irgendwie schal erscheinen, wenn die Vergangenheit weiter existiert und ihre Gräueltaten und das Leiden ihrer Opfer trotzdem für immer ein Teil der Welt sind?

Erste Antwort: Das Leben von Viktor Frankl

Die erste Art, die Existenz der Vergangenheit mit dem Schrecken der Vergangenheit vereinbar zu machen, ist eigentlich kein Argument, sondern nur der Hinweis auf eine Person. Wir hatten in Kap. 7 gesehen, dass Viktor Frankl eindeutig und explizit die Existenz der Vergangenheit in allen ihren lebensweltlichen Dimensionen vertreten hat.

Er hat das getan, obwohl er als Jude in Österreich während der Nazi-Zeit viel mehr Grund als die meisten anderen Menschen gehabt hätte, den Schrecken in seiner Vergangenheit die Nicht-Existenz zu wünschen:

14 Der Schrecken der Vergangenheit

- Nach der Annexion Österreichs durch das Deutsche Reich musste er 1937 seine Praxis für Neurologie und Psychiatrie schließen.[2]
- Er musste sich dann als „Fachbehandler" statt als Facharzt beschreiben, um einen niedrigeren Status anzuzeigen.
- Seine Ehefrau wurde 1942 von den Nazis gezwungen, ihr ungeborenes Kind abzutreiben.
- 1942 wurde er zusammen mit seiner Frau und seinen Eltern ins Ghetto Theresienstadt deportiert. Sein Vater starb dort nach einem halben Jahr an Erschöpfung.
- 1944 wurden er, seine Frau und seine Mutter nach Auschwitz deportiert. Seine Mutter wurde dort gleich in den Gaskammern ermordet. Er selbst wurde weiter in Arbeitslager nahe Dachau transportiert. Seine Erlebnisse in den Lagern beschreibt er in dem Buch „…Trotzdem Ja zum Leben sagen. Ein Psychologe erlebt das Konzentrationslager"[3], in dem die vielen, unglaublichen Schrecken in viel mehr Detail beschrieben sind, als ich das hier wiedergeben kann.
- Im April 1945 wurde das Lager, in dem er war, von US-Truppen befreit, und er erfuhr, dass auch seine Frau, sein Bruder und dessen Frau alle von den Nazis ermordet worden waren.

Das in Kap. 7 erwähnte Buch mit den vielen dort zitierten, eindeutigen Stellen, in denen die Existenz der Vergangenheit explizit bejaht wird, ist 1947 erschienen und „dem toten Bruder" gewidmet. Es ist also zumindest im Leben von Viktor Frankl nicht so, dass schreckliche Erlebnisse die Existenz der Vergangenheit als philosophisch inakzeptable These erscheinen lassen.

Das kann für uns ein Hinweis sein, dass die Schrecken der Vergangenheit mit ihrer Existenz auch lebensweltlich vereinbar sein kann. Im nächsten Abschnitt werden wir, auch anhand von Viktor Frankls philosophischen Ideen, fragen, wie das sein kann.

---

[2] Die Quelle für diese und die folgenden biographischen Angaben ist das Viktor Frankl Institut, unter https://www.viktorfrankl.org/biographie.html.
[3] (Frankl 1946).

Zweite Antwort: Jedes Leben ist zu jeder Zeit gut

Es würde der Vergangenheit zwar nicht ihren Schrecken nehmen, aber das Argument, dass es besser ist, wenn sie nicht existiert, entkräften, wenn man begründet behaupten könnte, dass in jeder Version jedes Menschen mehr Gutes als Schlechtes vorhanden ist. Dass also, auch wenn eine Person Schlimmes erleiden musste und gerade muss, in diesem Leben zu diesem Zeitpunkt trotzdem ein Überschuss an Gutem liegt, der das Leid mehr als ausgleicht, und dazu führt, dass eine zukünftige Version dieser Person sagen wird, ‚es ist gut, dass es diese Version von mir in allen ihren Leiden gab'.

Auf den ersten Blick erscheint diese Vorstellung schwierig: Was ist gut daran, dass es Personen gibt, die aus wirtschaftlicher Not in sklavischen Verhältnissen leben müssen und alle Erniedrigungen ohne Widerspruch ertragen müssen, einfach um genug Geld zum Überleben zu verdienen? Was ist gut daran, dass es Personen gibt, die in Konzentrationslagern gequält und ermordet werden? Einen Hinweis kann Viktor Frankl geben, der in seinem Bericht aus dem Konzentrationslager beschreibt, dass es auch in diesen schrecklichsten Umständen viele Sinne des Lebens gab:

- Zum Beispiel die Liebe: „Während wir kilometerweit dahinstolpern, im Schnee waten oder auf vereisten Stellen ausgleiten, immer wieder einander stützend, uns gegenseitig hochreißend und vorwärtsschleppend, fällt kein Wort mehr, aber wir wissen in dieser Stunde: jeder von uns denkt jetzt nur an seine Frau. Von Zeit zu Zeit schau ich zum Himmel hinauf, wo die Sterne verblassen, oder dort hinüber, wo hinter einer düsteren Wolkenwand das Morgenrot beginnt. Aber mein Geist ist jetzt erfüllt von der Gestalt, die er in jener unheimlich regen Phantasie festhält, die ich früher, im normalen Leben, nie gekannt hatte. Ich führe Gespräche mit meiner Frau. Ich höre sie antworten, ich sehe sie lächeln, ich sehe ihren fordernden und ermutigenden Blick, und – leibhaftig oder nicht – ihr Blick leuchtet jetzt mehr als die Sonne, die soeben aufgeht. Da durchzuckt mich

ein Gedanke: Das erstemal in meinem Leben erfahre ich die Wahrheit dessen, was so viele Denker als der Weisheit letzten Schluß aus ihrem Leben herausgestellt und was so viele Dichter besungen haben; die Wahrheit, daß Liebe irgendwie das Letzte und das Höchste ist, zu dem sich menschliches Dasein aufzuschwingen vermag."⁴
- Oder die Schönheit: „Und wenn wir dann draußen die düster glühenden Wolken im Westen sahen und den ganzen Horizont belebt von den vielgestaltigen und stets sich wandelnden Wolken mit ihren phantastischen Formen und überirdischen Farben vom Stahlblau bis zum blutig glühenden Rot und darunter, kontrastierend, die öden grauen Erdhütten des Lagers und den sumpfigen Appellplatz, in dessen Pfützen noch sich die Glut des Himmels spiegelte, dann fragte der eine den andern, nach Minuten ergriffenen Schweigens: »Wie schön könnte die Welt doch sein!«".⁵
- Oder die Moral: „galt es schon zu sterben, dann sollte mein Sterben Sinn haben. Als Arzt meinen kranken Kameraden halbwegs helfen zu können, schien mir zweifellos sinnvoller zu sein als dieses Vegetieren und schließliche Krepieren als höchst unproduktiver Erdarbeiter, der ich damals war."⁶

Wichtig ist in dieser Betrachtung festzuhalten, dass die Aussage, dass jedes Leben trotz der schlimmsten Umstände mehr Gutes als Schlechtes enthält, nicht bedeutet, dass das Schlechte gar nicht schlecht ist. Natürlich wären viele Leben besser, wenn sie weniger Leid enthielten – und natürlich ist es moralisch geboten, Leid wo immer möglich zu reduzieren. Was gemeint ist, ist ‚nur', dass es trotz der größten Mengen an Leid immer noch so ist, dass in allen Leben in einer Gesamtbetrachtung das Gute überwiegt.

Aber auch diese Behauptung ist alles andere als offensichtlich, und es gibt viele überzeugende Zeugnisse, dass das nicht so ist. Wir bekommen oft nicht das, was wir uns wünschen, und die Dinge scheinen oft nicht

---

⁴ (Ibid., Abschnitt „Die Flucht nach Innen" der E-Book Ausgabe).
⁵ (Ibid., Abschnitt „Meditationen im Graben" der E-Book Ausgabe).
⁶ (Ibid., Abschnitt „Ins Fleckfieberlager?" der E-Book Ausgabe).

in unserer Kontrolle zu liegen, sondern nach unerfindlichen und unmenschlichen Zufällen und Mechanismen abzulaufen, die nicht an uns oder unserem Wohlergehen interessiert sind. Ein besonders starker Ausdruck dieser negativen Erfahrung ist aus Philipp Larkins Gedicht „The Life with a Hole in it":

> „Life is an immobile, locked,
> Three-handed struggle between
> Your wants, the world's for you, and (worse)
> The unbeatable slow machine
> That brings what you'll get. Blocked,
> They strain round a hollow stasis
> Of havings-to, fear, faces.
> Days sift down it constantly. Years."[7]

Es gibt sogar eine ganze philosophische Strömung, mit Beispielen in David Benatars Buch „Better never to have been"[8] und Thomas Ligottis Buch „The conspiracy against the human race"[9], die das genaue Gegenteil der hier vertretenen Annahme behauptet: Jedes Leben ist zu jeder Zeit schlecht, und es wäre immer besser, wenn es nicht gegeben hätte.

Ich will hier nicht argumentativ den oben skizzierten starken Optimismus gegen diesen starken Pessimismus verteidigen, sondern nur festhalten, dass dieser Optimismus die Möglichkeit eröffnet, den Schrecken der Vergangenheit mit der Existenz der Vergangenheit in Einklang zu bringen – wenn man annimmt, dass jedes Leben zu jeder Zeit gut ist. Das ist eine Annahme, die ich persönlich mittrage, aber die, wie die Gegenbeispiele gezeigt haben, nicht selbstverständlich ist.

Am Ende hat diese Annahme eine spirituelle Dimension. Auch, wenn sie nicht explizit Götter oder einen christlichen Gott benötigt, hat sie eine Nähe zu solchen Weltbildern: Eine der Funktionen des christlichen Lebens nach dem Tod ist in vielen Vorstellungen auch, dass dort Personen, deren Leben auf Erden ohne eigenes Verschulden primär

---

[7] (Larkin 1974, S. 187).
[8] (Ligotti 2010).
[9] (Benatar 2008).

schlecht war, ihren ‚Lohn' erhalten, und alles gut wird. Die Vorstellung, dass jedes Leben, schon während es gelebt wird, immer gut ist, versetzt diese göttliche Gnade in gewissem Sinne auf die Erde; „Das Reich Gottes ist (schon) mitten unter euch." (Lukas 17, 21).

Auch Viktor Frankl bestätigt diese religiöse und am Ende vielleicht mystische Dimension, wie das Leben unter schrecklichen Umständen trotzdem gut sein kann, in seinem Bericht aus dem Konzentrationslager, wenn er bekräftigt, dass auch im Leiden ein Sinn liegt und beschreibt, wie er diesen empfunden hat:

> „Du stehst im Graben bei der Arbeit; grau ist die Morgendämmerung um dich, grau ist der Himmel über dir, grau ist der Schnee im fahlen Dämmerlicht, grau sind die Lumpen, in die deine Kameraden gehüllt sind, grau sind ihre Gesichter. Wieder hebst du an mit deiner Zwiesprache mit dem geliebten Wesen, oder, zum tausendsten Mal, beginnst du dein Klagen und dein Fragen zum Himmel zu schicken. Zum tausendsten Mal ringst du um eine Antwort, ringst du um den Sinn deines Leidens, deines Opfers – um den Sinn deines langsamen Sterbens. In einem letzten Aufbäumen gegen die Trostlosigkeit eines Todes, der vor dir ist, fühlst du deinen Geist das Grau, das dich umgibt, durchstoßen, und in diesem letzten Aufbäumen fühlst du, wie dein Geist über diese ganze trostlose und sinnlose Welt hinausdringt und auf deine letzten Fragen um einen letzten Sinn zuletzt von irgendwoher dir ein sieghaftes »Ja!« entgegenjubelt."[10]

Diese spirituelle Sichtweise kann dann auch gut erklären, warum die Existenz von selbst verschuldetem Schlechten keinen Widerspruch zur Existenz der Vergangenheit darstellt. Wir hatten das bereits in Kap. 9 und auch oben in diesem Kapitel anhand der Verantwortung begründet. Aber es bleibt die Frage, wie es mit der fortgesetzten Existenz eines Lebens aussieht, das aufgrund eigener Entscheidungen viel Schlechtes enthält, aber nicht dazu kommt, seine Taten zu bereuen.

Konkret gesagt: Wie in aller Welt soll man annehmen, dass das Leben der SS-Männer, die diese ganzen grausamen Verbrechen begangen haben, und die bis zu ihrem Tod nie bereut haben – auch nicht

---

[10] (Frankl 1946, Abschnitt „Monolog im Morgengrauen" der E-Book Ausgabe).

im ganz privaten – trotzdem gut war? Vielleicht muss man in diesen Fällen gar nicht annehmen, dass so ein Leben immer gut ist, und kann die fortgesetzte Existenz der Vergangenheit trotzdem akzeptieren. Denn wenn ein Leben durch eigene Verfehlungen schlecht wird, und diese Schlechtigkeit dann weiter existiert, dann erscheint uns das vielleicht irgendwie weniger ungerecht, als wenn ein durch unverschuldetes Leid schlecht gewordenes Leben weiter existiert. Aber da es für manche Menschen – einfach durch die Umstände, in denen sie heranwachsen und leben müssen – sehr viel schwieriger ist, auf die Stimme des Gewissens zu hören, als für andere, erscheint es auch problematisch zu sagen: ‚Das ganze Schlechte, was ein Mensch selbst zu verantworten hat, kann ein Leben schlecht machen, und das existiert dann für immer weiter, aber daran ist man dann ja selber schuld'.

Eine moderne christliche Sichtweise hätte eine Antwort genau für diese ganzen Fälle: Mit selbst verschuldetem Schlechten angefüllte Leben werden nicht durch eigene Tätigkeit gut, sondern nur durch Gottes Gnade und Gottes Vergebung.[11]

Dritte Antwort: Gott verändert die Vergangenheit zum Guten

Die Frage, wie genau eigentlich die eben erwähnte göttliche Vergebung von Sünden funktioniert, kann zu einer auf den ersten Blick merkwürdigen theologischen Frage führen: Verändert Gott dabei die Vergangenheit? Werden die vergangenen Sünden in der Vergebung in einem echten Sinne ungeschehen gemacht? Oscar Wilde hat diese Idee in dem Brief aus dem Gefängnis mit Blick auf das Gleichnis vom verlorenen Sohn so formuliert:

---

[11] So wie ich es verstehe, liegt der Fehler von Lord Jim, in Joseph Conrads oben zitiertem Buch, am Ende gar nicht so sehr in seiner einen schlechten Tat – dem Sprung von Bord – sondern genau darin, dass er diese Vergebung, bei der das Schlechte aus seinem Leben durch eine externe Kraft getilgt wird, nicht erkennen und akzeptierten kann. Deswegen stirbt er am Ende, mutig und stolz aber irgendwie sinnlos und seine Freundin zurücklassend; weil er versucht, es *selbst* wieder gut zu machen.

„The Greeks thought that impossible. They often say in their Gnomic aphorisms, 'Even the Gods cannot alter the past.' Christ showed that the commonest sinner could do it, that it was the one thing he could do. Christ, had he been asked, would have said – I feel quite certain about it – that the moment the prodigal son fell on his knees and wept, he made his having wasted his substance with harlots, his swine-herding and hungering for the husks they ate, beautiful and holy moments in his life."[12]

Auch, wenn das auf den ersten Blick sehr komisch erscheint, kann man aus diesem Ansatz eine weitere Antwort entwickeln, warum der Schrecken der Vergangenheit mit der Existenz der Vergangenheit vereinbar ist – eben, weil Gott die Vergangenheit selbst zum Guten verändert, und ihr damit ihren Schrecken nimmt. Das ist sicher noch deutlich annahmereicher als die zweite Antwort, und führt tiefer in religiöse Themen. Aber obwohl es nicht im strengen Sinne notwendig ist, um die Existenz der Vergangenheit gegen den Einwand dieses Kapitels zu verteidigen – dazu reichen die ersten zwei Antworten – ist es dennoch interessant, darüber nachzudenken, wie das aussehen könnte.

Borges hat in seiner Kurzgeschichte „Der andere Tod" eine Variante dieser Idee formuliert. Er berichtet von einem Mann, Pedro Damián, von dem es sowohl Berichte gibt, er habe sich in einer Schlacht feige verhalten, sei geflohen und habe noch Jahrzehnte lang alleine gelebt, als auch Berichte gibt, er habe in der gleichen Schlacht mutig und tapfer gekämpft und sei gefallen. Borges beschreibt, wie er schließlich die Erklärung dieser kuriosen Umstände auf Basis von theologischen Argumenten gefunden hat:

„Auf fast magische Art entdecke ich sie im Traktat *De Omnipotentia* von Piere Damiani, den zu studieren mich zwei Verse aus dem Canto XXI des Paradiso veranlassten, die sehr scharf das Problem der Identität stellen. Im fünften Kapitel seines Traktats behauptet Damiani, im Gegensatz zu Aristoteles und zu Fredegar von Tour, dass Gott bewirken kann, nicht gewesen sein zu lassen, was einmal war. Ich las diese alten theologischen Erörterungen und fing an, das tragische Schicksal Don Pedro Damiáns zu begreifen.

---

[12] (Wilde 1897–1897, S. 91 f.).

> Ich vermute, es kam so. Damián benahm sich auf dem Schlachtfeld von Masoller wie ein Feigling und wandte sein Leben daran, diese leidige Schwäche gutzumachen. Er kehrte nach Entre Rios zurück; [...] auf den Feldern von Ñancay wurde er hart, kämpfte mit der Wildnis und dem ungezähmten Viehstand. Und bereitete so, bestimmt ohne darum zu wissen, das Wunder vor. In seinem tiefsten Inneren dachte er: Wenn mir das Schicksal eine andere Schlacht beschert, werde ich ihrer wert sein. Vierzig Jahre lang wartete er auf sie mit dumpfer Hoffnung, und am Ende – in seiner Todesstunde – brachte sie ihm das Schicksal. [...] Im Todeskampf durchlebte er noch einmal die Schlacht und verhielt sich wie ein Mann; er ritt bei der letzten Attacke an der Spitze, und eine Kugel traf in mitten in die Brust. So bewirkte im Jahre 1946 eine lange Leidensfrist, dass Pedro Damián bei der Niederlage von Masoller fiel, die an der Wende von Winter und Frühling des Jahres 1904 stattfand."[13]

Diese Vorstellung erscheint mir zu extrem und unrealistisch – es fällt mir schwer, anzunehmen, dass Gott die Vergangenheit samt und sonders verändern kann. Dann wäre auch die These über die Existenz der Vergangenheit eigentlich eine These über das Handeln Gottes, und wir müssten ganz andere Fragen stellen.

Wie kann es sonst gemeint sein, dass Gott die Vergangenheit verändert?

Ich glaube, eine überzeugende Darstellung ist in der Philosophie Whiteheads zu finden.

> "The revolts of destructive evil, purely self-regarding, are dismissed into their triviality of merely individual facts; and yet, the good they did achieve in individual joy, in individual sorrow, in the introduction of needed contrast, is yet saved by its relation to the completed whole. The image – and it is but an image – the image under which this operative growth of God's nature is best conceived, is that of a tender care that nothing be lost.
>
> The consequent nature of God is his judgement on the world."[14]

---

[13] (Borges 1981, S. 65 in Band 3/II).
[14] (Whitehead 1929, S. 346).

Ohne auf die Details von Whiteheads aus meiner Sicht in vieler Hinsicht sehr überzeugendem, aber komplexen und terminologisch sehr unzugänglichen philosophischen System einzugehen, verstehe ich das so: Gott verändert zwar die reinen Fakten der Vergangenheit nicht, aber ihre Wertigkeit. Gott kann das Schlechte in der Welt, egal wie schrecklich und negativ es im Moment des Geschehens ist, nachdem es geschehen ist, so verändern, dass es zwar immer noch wahr ist, dass es geschehen ist, aber nicht mehr wahr ist, dass es ganz so schrecklich war. Er kann das Schreckliche, wie Whitehead sagt, trivialisieren, und von den Fakten das Gute, was sie begleitet hat, betonen und dafür sorgen, dass – bildlich gesprochen – das Bild auf dem gewobenen Teppich der Vergangenheit von den guten Dingen, die passiert sind, bestimmt ist; dass sie im Zentrum stehen, und die Schlechten nur am Rande. Darin liegt, behauptet Whitehead in seiner unkonventionellen Vorstellung von Gott, genau Gottes Gericht über die Welt: Gott entscheidet, welche Dinge wie intensiv in der Existenz der Vergangenheit betont sind.

Diese Vorstellung macht nur Sinn, wenn man annimmt, dass Werte etwas sind, was es in der Wirklichkeit gibt, und nicht nur unsere Interpretation der Vergangenheit. Ich finde diese Annahme plausibel[15], aber es ist eine zusätzliche Annahme. Diese Annahme bedeutet auch, dass wir diese wertemäßige Veränderung der Vergangenheit als echte, objektive Änderung verstehen müssen, über die es objektive Wahrheiten gibt.

Das unterscheidet diese Sichtweise grundsätzlich von bestimmten psychoanalytischen Ansätzen, die sich auf den ersten Blick ähnlich anhören, in denen es darum geht, dass Therapeut:in und Patient:in eine neue Narrative über das Leben und die Vergangenheit der Patient:in entwickeln. Die philosophisch exzellent argumentierende Juristin und Psychoanalytikerin Elyn Saks beschreibt solche Ansätze als ‚story model of psychoanalysis' und kritisiert dieses ‚story model' genau deswegen, dass es ihm eben – im Gegensatz zu der hier beschriebenen Annahme vom Gottes Wirken – nicht um die Wahrheit geht.

---

[15] Siehe z. B. (Andrae 2022).

"1. Patients will not accept a version of psychoanalysis that holds out to them stories that do not purport to be possibly true; as an empirical matter, that is, patients will reject a psychoanalysis so understood;

2. Patients ought not to accept a psychoanalysis so understood; it is normatively undesirable to believe interpretations that do not purport to be possibly true;

3. Psychoanalysts ought not to secure their patients' acceptance of psychoanalysis by lying to them about the truth-status of their interpretations; placebos may be acceptable in some contexts, but not here;"[16]

Durch den Gegensatz zu den ‚story models' wird noch einmal klar, wie ontologisch ernsthaft diese dritte Antwort gemeint ist. Ob sie aber wirklich sinnvoll und akzeptabel ist, hängt von philosophischen Fragen ab, die außerhalb des Themas dieses Buches liegen. Sie geht auf jeden Fall mit sehr vielen Annahmen einher, nicht zuletzt mit der Existenz Gottes und der Objektivität von Werten. Aber sie hat die sehr interessante und vielleicht attraktive Konsequenz, dass es in dieser Denkweise die Möglichkeit gibt, dass wir das Wirken der Gnade Gottes direkt erleben: Immer wenn wir erfahren, dass ein schreckliches Erlebnis im Rückblick ein Stück weit geheilt erscheint, kann es sein, dass wir wirklich wahrnehmen, wie Gott die Vergangenheit zum Guten verändert hat.[17] Natürlich bleibt die Möglichkeit von Irrtümern bestehen, und es wäre sicher nach wie vor oft der Fall, dass wir die Vergangenheit und die in ihr enthaltenen Werte falsch wahrnehmen, aber genauso bestünde die Möglichkeit, dass wir sie richtig wahrnehmen und damit das Wirken Gottes erleben.

---

[16] (Saks 1999, S. 121).

[17] Die fortgesetzte Existenz der so von Gott ‚geheilten' eigenen Vergangenheit kann meiner Ansicht nach auch ein interessanter Ansatzpunkt für eine neue Vorstellung eines christlich verstandenen ewigen Lebens sein, die das Problem des ‚die Zeit läuft ewig weiter' lösen kann; und auch das Problem, dass in manchen Vorstellungen vom Leben nach dem Tod die Bedeutsamkeit unseres Lebens vor dem Tod völlig irrelevant erscheint: Man könnte das ewige Leben als ewiges, erlebtes Innewohnen in dem von Gott geheilten eigenen gelebten Leben verstehen. Damit würde auch ganz natürlich zu der tröstenden Vorstellung passen, dass man nach dem Tod für immer mit den geliebten Menschen zusammen ist.

15

Die Besonderheit der Gegenwart für Entscheidungen und die Frage nach der Zukunft

Ich habe bisher in diesem Buch versucht, für die These der Existenz der Vergangenheit, soweit es geht, unabhängig von anderen großen philosophischen Fragen zu argumentieren. Die Idee ist, dass die vorgebrachten Argumente gegenüber vielen anderen philosophischen Fragen weitgehend neutral sind:

- Egal, ob man sich die Wirklichkeit als bestehend aus Objekten mit Eigenschaften, aus Tatsachen, aus Ereignissen, aus Prozessen, nur aus materiellen Dingen, auch aus geistigen Dingen oder sogar nur aus Ideen vorstellt – dass es die Vergangenheit gibt, ist in allen diesen Denkweisen eine interessante These. Ganz perfekt ist das nicht, weil die hier verwendete Sicht auf die Frage der persönlichen Identität mit manchen Arten, die Wirklichkeit zu beschreiben, nicht besonders natürlich zusammenpasst; man bräuchte zum Beispiel vermutlich sehr viele technische Tricks, um diese Sicht mit einer starken Substanz-Ontologie zusammenzubringen.
- Egal, ob man an die Willensfreiheit glaubt oder nicht, und auch egal, wie man sie genau versteht, die Existenz der Vergangenheit kann so

oder so eine interessante These sein, die auf die ein oder andere Art auch mit jeder Sicht zur Willensfreiheit vereinbar ist.
- Die Existenz der Vergangenheit schränkt zwar die Optionen ein, wie man die gesamte Metaphysik der Zeit konstruieren kann, aber nicht so stark, dass nicht trotzdem noch viele Optionen bestünden: Egal, ob man an die Existenz der Zukunft glaubt oder nicht, man kann die Argumente für die Existenz der Vergangenheit so oder so akzeptieren. Und die Existenz der Vergangenheit ist im Grund mit einer dynamischen Sicht der Zeit, in der es wirkliche Veränderungen gibt, genauso kompatibel wie mit einer statischen Sicht, in der alles auf ewig feststeht.

So sinnvoll dieser Versuch, die Dinge zu trennen, und nicht gleich alle Fässer gleichzeitig aufzumachen, auch ist – ganz gelingen wird er nie. In der Philosophie, wie ich sie verstehe, erklären sich am Ende doch die verschiedenen Teile eines Systems auch gegenseitig, und eine vollständige Abtrennung einer Frage von allen anderen ist in letzter Konsequenz zum Scheitern verurteilt. Wir hatten das schon ein wenig gemerkt, als wir in Kap. 14 spirituelle Elemente eingeführt haben, ohne diese durch und durch zu erklären.

In diesem letzten Kapitel nun wird diese Abtrennung unserer einen Frage von allen anderen Fragen am wackeligsten, wenn wir uns mit dem letzten – und aus meiner Sicht relevantesten – lebensweltlichen Argument beschäftigen, das gegen die Existenz der Vergangenheit zu sprechen scheint: Der Beobachtung, dass wir die Gegenwart als etwas Besonderes wahrnehmen – als den Ort, an dem Möglichkeiten zu Wirklichkeiten werden und an dem wir zu Entscheidungen aufgefordert sind.

Die Gegenwart als Ort der Entscheidung?

Darth Vader musste sich am Ende in der Gegenwart des Kampfes zwischen dem Imperator und Luke Skywalker für seinen Sohn entscheiden, und der verlorene Sohn in der Bibel musste sich in seiner Gegenwart als Schweinehirte entscheiden, zu bereuen und zu seinem Vater zurückzukehren. Beide wurden bei ihren Entscheidungen vielleicht von vielen Dingen und Personen aus der Vergangenheit beeinflusst, aber wir haben die Intuition, dass es trotzdem der Entscheidung in der Gegenwart bedurfte, um die Handlung wirklich umzusetzen. Auch vor Gericht scheint es mir so: Eine Person wird verurteilt für etwas, was sie zu einem bestimmten Zeitpunkt getan hat, unter der Annahme, dass die Entscheidung für eine Handlung zu einem bestimmten Moment das Verbrechen konstituiert.

Wenn das so ist, dann steht die These der Existenz der Vergangenheit vor der Frage, wie sich diese besondere Gegenwart und die weiterexistierende Vergangenheit zueinander verhalten. Macht es dann nicht eher Sinn zu sagen, dass es nur die Gegenwart gibt, wenn sie schon so besonders ist? In diesem Kapitel will ich verschiedene Arten skizzieren, wie die Existenz der Vergangenheit mit diesem Problem umgehen kann.

Dieses Kapitel grenzt naturgemäß an die großen philosophischen Diskussionen der Willensfreiheit und der Existenz der Zukunft an. Daher wird es auch, hier und da, Spezifika verschiedener Arten, was „Existenz" eigentlich bedeuten kann, touchieren. Da die Themen der Willensfreiheit und der spezifischen Ontologien bisher bewusst nicht behandelt wurden, kann der Anspruch nicht sein, diese Themen im letzten Kapitel erschöpfend zu diskutieren. Es soll hier nur darum gehen, die möglichen Brücken von der Existenz der Vergangenheit zu diesen anderen Diskussionen zu bauen und ganz grobe Skizzen zu zeichnen. Da es auf andere philosophische Diskussionen verweist, ist dieses Kapitel auch dasjenige, das am schwierigsten ohne großes philosophisches Vorwissen erfassbar ist. An vielen Stellen – vor allem am Ende der beiden Optionen – werde ich auf Stichworte verweisen, die dann, wie dieses ganze Kapitel, als Ausgangspunkte zu verstehen sind, von denen aus eine Leser:in sagen kann ‚das interessiert mich, ich suche mir jetzt andere Literatur zu dieser Frage'.

Erste Option: Die Besonderheit der Gegenwart als Ort der Entscheidung ist widersprüchlich und daher ein Scheinproblem

Die übliche Denkweise über Entscheidungen in der Gegenwart ist die folgende: Wir haben zwar verschiedene Einflüsse aus der Vergangenheit, die uns Gründe für und wider eine Entscheidung bieten, aber in der Gegenwart wägen wir ab und treffen erst dann die Entscheidung. Wie wir uns entscheiden werden, ist, bevor die Gegenwart eingetreten ist, nicht sicher, und wir verändern mit unserer Entscheidung die Welt. Deswegen ist die Gegenwart besonders.

Es gibt ein sehr gravierendes Problem mit dieser Idee: Wenn alleine auf Basis der Vergangenheit nicht sicher ist, wie wir uns entscheiden werden, dann erscheint die Entscheidung irgendwie zufällig. Es gibt dann zwei mögliche Welten, in denen mein gesamtes Leben bisher zu 100 % gleich war, ich den gleichen Charakter[1] habe, die gleichen Werte wichtig finde, etc. aber in der einen Welt entscheide ich mich dafür, ein Verbrechen zu begehen, in der anderen Welt dagegen. Ich war aber per Definition genau die gleiche Person in beiden Welten. Also kann nur der Zufall der Grund für die eine oder andere Entscheidung gewesen sein.

Der Zufall ist aber nicht das, was wir empfinden, wenn wir die Besonderheit der Gegenwart und des in ihr stattfindenden Abwägens meinen. Im Gegenteil, das Abwägen geschieht ja auf Basis von Gründen und Werten, und vor dem Hintergrund davon, was für eine Person ich bin. Damit es für die Frage, ob ich ein Verbrechen begehe oder nicht, den entscheidenden Unterschied macht, was für eine Person ich bin, muss es meine Vergangenheit sein, die die Entscheidung festlegt und es ist nicht mehr so, dass die Gegenwart als Ort der Entscheidung besonders hervorgehoben ist.

---

[1] In der Sprache des in diesem Buch dargestellten Ansatzes zur persönlichen Identität wäre dieser Charakter eine Eigenschaft der letzten Vorgängerversion, und die Entscheidung wäre dann mit dem Entstehen der neuen Version gefallen.

Damit hätte man die Intuition, die dem Problem zugrunde liegt, einfach ‚wegerklärt': Es stellt sich heraus, dass man, wenn man genauer darüber nachdenkt, merkt, dass die Besonderheit der Gegenwart eigentlich keinen Sinn macht, sondern genau das Gegenteil von dem impliziert, was man ursprünglich dachte. Weil sie sich durch diese Widersprüchlichkeit ‚disqualifiziert' hat, ist diese Intuition kein Problem mehr für die Existenz der Vergangenheit, weil sie kein Grund mehr ist, der Gegenwart einen besonderen Status zuzusprechen; und damit entfällt auch die Frage, wie sich die Vergangenheit zu der besonderen Gegenwart verhält.

Was die Frage der Willensfreiheit angeht, so hat man in dieser Option – in der es keinen besonderen Status der Gegenwart als Ort der Entscheidung gibt – entweder die Möglichkeit, die Willensfreiheit zu verneinen, oder, die Willensfreiheit so zu verstehen, dass sie genau zu dieser Art, wie Entscheidungen dann eben doch von der Vergangenheit festgelegt werden, passt. Die letztere Position heißt Kompatibilismus, und ist vergleichsweise weit verbreitet.

Was die Frage der Zukunft angeht, so bleiben auch in dieser Option im Prinzip noch verschiedene Möglichkeiten[2] übrig, aber die naheliegendste ist ein vollständiger sogenannter Eternalismus: Laut ihm gibt es

---

[2] Wenn man zum Beispiel die Quantenmechanik und ihre scheinbare inhärente Zufälligkeit hier ernstnehmen will, aber die Widersprüchlichkeit von Entscheidungen in der Gegenwart akzeptiert, könnte es sein, dass man die Existenz der Zukunft verneint; aber man sieht dann die Gegenwart nicht als Ort der Entscheidung, sondern einfach als den Ort, an dem Dinge sich zufällig festlegen. In der Welt des persönlichen Handelns gedacht wäre das so, dass eine Person mit ihrem Charakter, ihren Werten, ihren Fähigkeiten auf einen teilweise zufälligen Input stößt und diesen dann in der Gegenwart auf möglichst wenig zufällige Weise zu einem Output verarbeitet. Diese Sicht der Gegenwart könnte man vergleichen mit der Wahrnehmung einer Geschäftsleitung, die eine bewährte Mitarbeiterin in ein schwieriges Projekt schickt, und denkt ‚ich weiß zwar nicht genau, was da auf sie zukommen wird, aber ich weiß, wie sie ist und was sie kann, die wird da schon aufräumen'. Das Ergebnis des Projekts wäre wegen der Zufälligkeit des Inputs ein Stück weit zufällig, aber der Charakter der Person wäre trotzdem entscheidend dafür, was am Ende herauskommt.
Man kann aber auch mit der Quantenmechanik beim Eternalismus bleiben, und annehmen, dass es in der Beschreibung der Welt zusätzlich zu allen Entitäten und Dynamiken und Anfangszuständen noch eine unendlich lange Liste gibt, die sich nicht aus den anderen Teilen der Welt herleiten lässt, aber die festlegt, wie welches Zufallsexperiment ausgeht. Dann hat die Zufälligkeit kein Problem mehr mit dem Eternalismus. Das ist zwar nicht elegant, aber das sind – meiner Erfahrung nach – andere Versuche, ontologisch die Zufälligkeit der Quantenmechanik zu verorten, auch nicht.

alle Dinge zu allen Zeiten gleichermaßen, und die Zeit ist nur eine der Dimensionen, wie diese Existenz geordnet ist. Damit gibt es die Vergangenheit, aber genauso die Zukunft, und es gibt auch keinen ganz besonderen Unterschied mehr zwischen den beiden.

Zweite Option: Die Besonderheit der Gegenwart als Ort der Entscheidung ist durch verschiedene Arten der Existenz begründet

Die erste Option erscheint vielen, und auch mir, irgendwie unbefriedigend. Vermutlich liegt das einfach daran, dass die starke Intuition, dass echte Entscheidungen in der Gegenwart stattfinden, einfach wegerklärt wird, anstatt sie zu integrieren.

Eine andere Option wäre es, die Existenz der Vergangenheit mit der Besonderheit der Gegenwart in Einklang zu bringen, indem wir sagen, die Gegenwart und die Vergangenheit existieren beide, aber auf zu erklärende verschiedene Weisen. Natürlich müssen auch alle diese Versuche, bei denen die Gegenwart durch ihren Status als Ort der Entscheidung besonders wird, einen Weg finden, mit der in der ersten Option skizzierte Widersprüchlichkeit der Idee einer echten Entscheidung umzugehen.

Ich will im Folgenden zwei solche Denkweisen beschreiben, aber keine definitiv auswählen.

1. Es wäre denkbar, die Gegenwart von der Vergangenheit durch die Art der existierenden Entitäten zu unterscheiden. So könnte man zum Beispiel sagen, in der Gegenwart gibt es Objekte mit Eigenschaften und Relationen – aber in der Vergangenheit gibt es Sachverhalte oder Ereignisse. In gewissem Sinne entspricht das unserer Sprechweise: Es fühlt sich natürlich an, für die Gegenwart zu sagen ‚es gibt die Kaffeetasse', aber es fühlt sich für die Vergangenheit natürlicher an, zu sagen: ‚es gibt die Tatsache, dass diese Kaffeetasse vor einem Jahr in einer Fabrik gemacht wurde' als, zu sagen: ‚es gibt die Kaffeetasse in der Vergangenheit in der Fabrik'. Die Idee, von Sachverhalten als ei-

gene Existenzform zu sprechen, ist in der Philosophie sehr bewährt und geht in der Moderne wesentlich auf Wittgenstein im Tractatus zurück, der das aber nicht nur auf die Vergangenheit, sondern auf alles, was es gibt, bezieht.

Diese grundlegende Unterscheidung von Gegenwart und Vergangenheit könnte man metaphorisch so beschreiben, dass die Dinge in der Gegenwart geschehen, und dann quasi in das Protokoll der Welt aufgenommen werden, wo für immer festgeschrieben wird, was alles geschehen ist.

Diese Sichtweise ist aber aus Sicht der in diesem Buch vorgebrachten Argumente sehr problematisch: Weil sie einen so großen – wenn auch hier nur ganz grob skizzierten – Unterschied zwischen der ‚echten' Existenz in der Gegenwart und der ‚nur protokollierten' Existenz in der Vergangenheit macht, sinkt die Passung zu den lebensweltlichen Argumenten ganz entscheidend. Denn es ist ja deutlich weniger beruhigend, wenn die Sinne meines Lebens, oder verstorbene Personen, in einer nur neutral ‚aufgezeichneten' und nicht einer ‚wirklich lebendigen' Vergangenheit existieren. Und auch gegen die Einsamkeit oder die Angst vor dem Tod fühlt es sich viel weniger gut an, wenn die Vergangenheit, die mich echt beeinflusst und die für immer erhalten bleibt, nur ein ‚Protokoll' ist.

2. Alternativ wäre denkbar, die Gegenwart nicht durch die Art der Entitäten, sondern durch die Art der Existenz selbst von der Vergangenheit zu unterscheiden. Die naheliegendste Art, das zu denken, ist zu sagen, die Vergangenheit ist ein ‚Sein', die Gegenwart ist ein ‚Werden'. Man würde also gar nicht behaupten, dass es die Gegenwart im vollen Sinne gibt, sondern, dass sie der Prozess des ‚im Entstehen begriffen sein' ist – und damit in gewissem Sinne über die Wirklichkeit hinausragt. Diese Sichtweise hat in Whitehead ihren prominentesten Vertreter. Aber es ist alles andere als einfach, sie genau zu beschreiben. Denn jede Beschreibung beschreibt qua Beschreibung etwas Festes, ein ‚so-und-nicht-anders-sein'. Vermutlich muss diese Art, die Gegenwart zu beschreiben, daher in ihrer Vorstellung des Werdens irgendwie auf eine primitive Erfahrung rekurrieren, und behaupten, wir wüssten bereits, was ein Werden ist, und können einfach durch

Hinweis auf diese universelle Erfahrung miteinander – zum Beispiel in philosophischen Schriften – darüber sprechen.

Für die Frage, wie das zu den Argumenten für die Existenz der Vergangenheit passt, ist in dieser Alternative entscheidend, wo wir wertvolle Dinge verorten. Wenn die Gegenwart nur das Werden ist, dann gibt es zumindest den argumentativen Raum zu sagen, dass die wertvollen Dinge eher in der Vergangenheit liegen, weil diese – wie Viktor Frankl dazu sagt – die „eigentliche Wirklichkeit"[3] ist. Und wo sollen die wertvollen Dinge liegen, wenn nicht in der eigentlichen Wirklichkeit? Wenn wir es so verstehen, dann passt diese zweite Alternative, in der die Gegenwart besonders ist, weil sie ein ‚Werden' ist, sehr gut zu den lebensweltlichen Argumenten für die Existenz der Vergangenheit in diesem Buch.

Gleichzeitig gibt es aber auch eine Tendenz, die Gegenwart als Ort der Wirksamkeit dann doch höher zu werten. Whitehead – in „Process and Reality" – scheint mir sehr klar zu machen, dass nur das Werden in der Gegenwart subjektiven Charakter hat, also nur die Gegenwart wirklich mit Erlebnissen verbunden ist. Und wenn die Vergangenheit eine Welt ohne Erlebnisse ist, dann ist es deutlich schwerer sich vorzustellen, dass sie wertvolle Dinge enthält, und die Position changiert doch wieder in Richtung der ersten Denkweise, in der die Vergangenheit ‚nur' das Protokoll der wirklichen Welt des Werdens ist, und das passt nicht mehr sehr gut zu den lebensweltlichen Argumenten in diesem Buch. Vielleicht gibt es aber auch hier

---

[3] (Frankl 1947, S. 42). Es ist aber interessant, darauf hinzuweisen, dass es auch bei Frankl dieses Gefühl des ‚Changierens' zwischen der Werthaftigkeit der Gegenwart und der Werthaftigkeit der Vergangenheit gibt, wie auf S. 46 zum Ausdruck kommt: „im Tode ist alles immobil geworden, nichts ist disponibel; dem Menschen steht nichts mehr zur Verfügung – kein Leib und keine Seele mehr ist ihm da verfügbar: es kommt zum totalen Verlust des psychophysischen Ich. Was bleibt, ist nur noch das selbst, das geistige Selbst. Der Mensch hat also nach dem Tode kein Ich mehr – er „hat" überhaupt nichts mehr, er „ist" nur mehr: eben sein Selbst.

Und wenn man behauptet, im Sterben sehe der Mensch, etwa wie der im Gebirge abstürzende Kletterer, sein ganzes Leben wie in einem Filmraffer in unheimlicher Schnelligkeit nochmals vor sich ablaufen, dann könnten wir jetzt sagen: im Tode ist der Mensch der Film selbst geworden. Er ist nunmehr sein Leben, sein gelebtes Leben; er ist seine eigene Geschichte, sowohl die ihm geschehene als die von ihm geschaffene. Und so ist er auch sein eigener Himmel und seine eigene Hölle, je nach dem."

einen Mittelweg, in dem das Werden der Gegenwart eine wertvolle Besonderheit hat, aber auch das Sein der Vergangenheit seinen Wert und damit auch seine Verbindung zu dem Erlebnischarakter bewahrt.[4,5]

Die Motivation, im Kontext dieses Buches über den Unterschied zwischen Gegenwart und Vergangenheit nachzudenken, war ja, dass wir versuchen wollten, die Intuition der Gegenwart als Ort der Entscheidung nicht wie in der ersten Option ‚wegzuerklären', sondern sie trotz der Existenz der Vergangenheit zu bewahren. Das wäre, unter Erhalt der guten Passung zu den lebensweltlichen Argumenten aus den vorangegangenen Kapiteln, besonders mit der eben beschriebenen Denkweise machbar, in der die Gegenwart ein ‚Werden' ist, aber die Vergangenheit als ‚Sein' trotzdem in der Lage ist, echte, wertvolle Dinge zu enthalten.

Es bleibt aber auch hierfür noch die Herausforderung, dass ein Weg gefunden werden müsste, die in der ersten Option skizzierte Widersprüchlichkeit der Idee einer Entscheidung in der Gegenwart zu umgehen – und einen Weg zu finden, in dem Entscheidungen weder zufällig noch durch die Vergangenheit festgelegt sind. Das ist alles andere

---

[4] Ein interessanter, wenn auch ungewöhnlicher und in vieler Hinsicht unklarer, solcher Ansatz könnte Nietzsches Ewige Wiederkehr sein: Die Gegenwart ist besonders, weil sie gerade erlebt wird, aber die Vergangenheit (und in diesem Fall auch die Zukunft) sind trotzdem wertvoll, weil sie ja unendlich oft wieder und wieder erlebt werden. Allerdings müsste eine solche Lösung, was die Willensfreiheit angeht, mit einer Art Kompatibilismus arbeiten, weil die Zukunft ja auch schon feststehen würde, wenn sie schon unendlich oft und genau gleich wiederholt wurde.

[5] Ein solcher Mittelweg müsste sicher auch genauer beschreiben, wie man sich den Übergang von dem Werden der Gegenwart zum Sein der Vergangenheit vorzustellen hat. Bei Whitehead, der als einer der entscheidenden Denker dieser Sichtweise gelten muss, ist die Unklarheit dieser Veränderung, die einerseits ein Mehr-Werden an Wirklichkeit ist – weil sie nun ‚fertig' ist –, aber andererseits ein Verlust an Wirklichkeit ist – weil sie nun nicht mehr den subjektiven Charakter der Entscheidung hat – im Kern der Kritik von Timothy Sprigges an dem System Whitehead, siehe (Sprigge 1995) und (McHenry 2000). Whitehead würde vermutlich sagen, dass die gesamte Wirklichkeit sich so verhält, wie der Ansatz zur persönlichen Identität in diesem Buch; also, dass die Vergangenheit immer ein echter Teil der Gegenwart der Welt ist. Damit sind das Werden in der Gegenwart und das Sein in der Vergangenheit nicht mehr zwei verschiedene Arten zu sein, sondern zwei verschiedene Pole einer Seinsweise und die Vergangenheit ist immer als Teil der Gegenwart aufgehoben. Das Problem, wie in einem neuen Werden ein altes Werden nun zu einem Sein geworden ist, und was sich dadurch an diesem alten Werden/Sein verändert hat, bleibt aber bestehen.

als einfach, und würde zu einer Art von Selbsterschaffung führen, in der eine Person sich selbst absichtlich erst zu dem macht, was sie dann ist. Ein Ansatz, das genauer zu verstehen, könnte eine ontologische Interpretation der Ideen von Agnes Callard in dem Buch „Aspiration" sein, in dem sie beschreibt, dass es „proleptic reasons" gibt, bei denen mein Verständnis des Wertes, der meine Handlungen begründet, in der Zukunft liegt. Ob und wie das wirklich widerspruchsfrei gedacht werden kann, bin ich nicht sicher, und auch bei Callard wird schon deutlich, dass damit einige merkwürdige zeitliche Verschränkungen einhergehen würden, weil die normativen Gründe in der Zukunft liegen, aber – um eine Retrokausalität zu vermeiden – die effektiven Gründe nicht.[6]

Angesichts dieser Schwierigkeiten erscheint eigentlich die erste Option als der beste Weg, man müsste weder das sehr schwierige Verhältnis zwischen Werden und Sein klären noch die potenziell paradoxe Idee der Selbsterschaffung versuchen zu erfassen. Und man könnte unproblematisch die lebensweltlichen Argumente für die Existenz der Vergangenheit übernehmen.

‚And yet, and yet...' geht das auf Kosten der ‚echten' Willensfreiheit, und das erscheint mir intuitiv problematisch. Daher würde ich die zweite Option vorziehen, und versuchen wollen, die ganzen damit einhergehenden schwierigen Aufgaben anzugehen – aber nicht in diesem Buch.

Falls das gelingen würde, hätte man, was eben die Willensfreiheit angeht, in dieser zweiten Option – in der es einen besonderen Status der Gegenwart als Ort der Entscheidung gibt – neben der Verneinung der Willensfreiheit und dem Kompatibilismus auch endlich die Möglichkeit, eine echte Willensfreiheit zu bejahen, bei der ein Mensch Kraft der eigenen Entscheidung im Moment aus der bis dahin nur als verschiedene Möglichkeiten existierenden Zukunft in der Gegenwart konkrete Wirklichkeiten schafft, die dann in der Vergangenheit weiterexistieren.

Was die Frage der Zukunft angeht, so bleiben auch in dieser zweiten Option im Prinzip noch verschiedene Möglichkeiten übrig, aber die naheliegendste ist das sogenannte ‚growing block universe': Es gibt

---

[6] Siehe z. B. (Callard 2019, S. 213).

die Vergangenheit und die Gegenwart, aber es gibt die Zukunft nicht; die Gegenwart ist aber der besondere Ort des ‚Werdens', an dem immer mehr Existenz dazu wächst, und die Wirklichkeit vergrößert sich so kontinuierlich und enthält immer mehr Vergangenheit.

Ausblick

Dieses Buch sollte zwei Ziele erreichen: Erstens hoffe ich, die Argumente für die Existenz der Vergangenheit werden als interessant und relevant wahrgenommen. Ich empfinde sie auf jeden Fall so, auch für mein persönliches Leben. Zweitens hoffe ich, ich konnte die hier von mir als ‚lebensweltlich' bezeichnete Art, zu argumentieren, so präsentieren, dass sie nicht als unwissenschaftliches ‚wünsch-dir-was', sondern als wichtige Ergänzung des philosophischen Werkzeugkastens verstanden wird. Das zweite Ziel ist meines Erachtens genau dann erreicht, wenn das erste erreicht ist. Denn was gibt es für ein besseres Argument für eine philosophische Methode als dass ihre Anwendung interessant und für das persönliche Leben relevant ist?

Mit Blick auf das erste Ziel, die Argumente für die Existenz der Vergangenheit, will ich hier am Ende noch festhalten, dass trotz all der Anwendung auf das persönliche Leben dieses Buch ein wissenschaftlicher Beitrag ist. Es ist nicht meine Absicht, die Teilnehmenden an dieser Debatte in verschiedene Lager einzuteilen – etwa die Gläubigen und die Ungläubigen, was die Existenz der Vergangenheit angeht. Im Gegenteil: Ich hoffe, dadurch dass die emotionalen Aspekte mit ins Scheinwerferlicht gerückt sind, können wir offener und vernünftiger miteinander darüber sprechen, aus welchen Gründen wir die eine oder andere Sicht auf die mögliche Existenz der Vergangenheit überzeugender finden.

Mit Blick auf das zweite Ziel, der Beweis der Nützlichkeit von lebensweltlichen Argumenten, gilt es noch zwei Punkte anzumerken.

Erstens ist es meines Erachtens, wie oben bereits angemerkt, wichtig, die Anwendung von lebensweltlichen Argumenten als Ergänzung des Werkzeugkastens zu verstehen, und nicht als ganz grundsätzlich neuen Anfang. Das ist nicht einfach, weil diese Argumente wertbehaftet sind, und andere Argumente nicht. Wie soll ich vernünftig abwägen, wenn ich glaube, eine philosophische Position ist zwar einerseits hoffnungslos und entmutigend, was meine persönliche Sichtweise des Lebens betrifft, aber andererseits auch glaube, dass es logische oder empirische oder andere Argumente gibt, die klar für diese Position sprechen?

Ich kann darauf keine einfache Antwort geben, und die komplizierte Antwort würde vermutlich auch von Fall zu Fall anders ausfallen. Aber ich bin sicher, dass dieses Abwägen eben wirklich *aller* Argumente trotzdem geboten wäre. Denn wenig schadet der Philosophie, wie ich sie verstehe, mehr, als wenn bestimmte Argumente einfach kategorisch ausgeschlossen werden, weil einem nicht gefällt, in welche Richtung sie zeigen. Das gilt für lebensweltliche Argumente genauso wie für alle anderen.

Zweitens kann man nun ganz an Ende fragen, für welche anderen philosophischen Fragen eine solche lebensweltliche Argumentation auch fruchtbar sein könnte. Die Frage nach der Existenz der Vergangenheit ist dafür, wie oben dargelegt, sicher besonders gut geeignet, und viele andere Fragen sind das nicht. Ich kann mir zum Beispiel nicht vorstellen, dass es für die Frage, ob Objekte Bündel von Eigenschaften sind, oder ob sie noch Substrata benötigen, vergleichbar viele interessante lebensweltliche Argumente gibt.

In der Frage der Willensfreiheit gibt es sicher auch interessante lebensweltliche Argumente, Logi Gunnarsson verbindet diese Frage zum Beispiel mit der Idee der Fairness[1], und es gibt – wie wir in Kap. 15

---

[1] (Gunnarsson 2020, S. 365).

gesehen hatten – auch viele Verbindungen zu der in diesem Buch diskutierten Frage.

Auch bei Fragen aus der Religionsphilosophie haben enge Verbindungen mit lebensweltlichen Argumenten Tradition – so argumentiert schon Rousseau eindeutig lebensweltlich, wie hier von Mara van der Lugt beschrieben: „we are justified to believe in the immortality of the soul because it is the doctrine that offers most hope and consolation".[2]

Es sind auch sicher weitere Anwendungsgebiete von lebensweltlichen Argumenten in der Philosophie zu finden – vielversprechend erscheinen mir alle Themen, bei denen sehr theoretische und abstrakte Punkte direkt in den Dialog gebracht werden können mit Fragen, die uns Menschen existentiell beschäftigen.

---

[2] (van der Lugt 2021, S. 286).

Literatur

Andrae, Benjamin. *The Puntel/Whitehead Method for Philosophy*. In *Metaphysics or Modernity*, Baumgartner et al. (Hrsg.), Bamberg UP, 2013.
Andrae, Benjamin. *The Ontology of Intentionality*. Philosophia Verlag, 2014.
Andrae, Benjamin. *Die Sinne des Lebens*. Philosophia Verlag, 2018.
Andrae, Benjamin. *Three Ideas from American Pragmatism Interpreted in Terms of Whitehead's Metaphysics*. Process Studies (2019) 48 (2): 254–272.
Andrae, Benjamin. *The Purpose of Life*, in *Motivation, Sinn und Spiritual Care*, Brüntrup und Frick (Hrsg.), De Gruyter, 2022.
Annas, Julia. *Intelligent Virtue*. Oxford University Press, 2011.
Augustinus. *Confessiones*. Zitiert nach der Übersetzung von Joseph Bernhardt. Insel Verlag, 1987. Ursprüngliches Entstehungsdatum ca. 400 n. Chr.
Baeumler, Alfred. *Nietzsche der Philosoph und Politiker*. Verlag von Philipp Reclam, 1931.
Balashov, Yuri. *Enduring and Perduring Objects in Minkowski Space-Time*. Philosophical Studies: An International Journal for Philosophy in the Analytic Tradition, Vol. 99, No. 2 (May, 2000).
Benatar, David. *Better Never to Have Been*. Oxford University Press, 2008.
Benovsky, J. *Presentism and Persistence*. Pacific Philosophical Quarterly 90(3), 291–309, 2009.

Berman, David. *Actual Air*. Drag City, 2021. Erscheinungsdatum der Originalausgabe 1999.
Borges, Jorge Luis. Gesammelte Werke. Carl Hanser Verlag, 1981.
Bowie, David. *Hunky Dory*. RCA Records, 1971.
Bress, Eric und Gruber, Mackye, Regisseure. *Butterfly Effect*. New Line Cinema, 2004.
Braham, Matthew und van Hees, Martin. *Degrees of Causation*. Erkenntnis (2009) 71:323–344.
Brüntrup, Godehard SJ. *3,5-Dimensionalismus und Überleben: ein prozess-ontologischer Ansatz*. In *Auferstehung des Leibes – Unsterblichkeit der Seele*, Brüntrup, Rugel, Schwartz (Hrsg.), Kohlhammer, 2010.
Builes, David und Impagnatiello, Michele Odisseas. *An Empirical Argument for Presentism*. Oxford Studies in Metaphysics (forthcoming). Zitiert nach der Preprint-Version von PhilPapers.
Callard, Agnes. *Aspiration*. Oxford University Press, 2019.
Cargile, James. *On Alexander's Dictum*. Topoi 22: 143–149, 2003.
Chalmers, David J. *Reality+*. Penguin UK, 2022.
Ciuni, Roberto, Kristie Miller, und Giuliano Torrengo (Hrsg.). *New Papers on the Present*. Philosophia, 2013.
Craig, William Lane. *The metaphysics of special relativity: three views*. In *Einstein, Relativity and Absolute Simultaneity*, Craig und Smith (Hrsg.), Routledge, 2008.
Conrad, Joseph. *Lord Jim*. Random House, 1980. Erscheinungsdatum der Originalausgabe 1900.
Demirtas, Huzeyfe. *Causation comes in degrees*. Synthese (2022) 200:64.
Dostojewski, Fjodor. Raskolnikow. Aufbau-Verlag, 1963. Erscheinungsdatum der Originalausgabe 1866.
Duhigg, Charles. *Did Uber Steal Google's Intellectual Property?* The New Yorker 2018/10/22, Condé Nast, 2018.
Dylan, Bob. *Another Side of Bob Dylan*. Columbia, 1964.
Edenhofer, Ottmar und Kowarsch, Martin. *Pascal's Wager Reframed*. In *Why Trust Science?*, Oreskes, Naomi, Princeton University Press, 2021.
Eliot, T. S. *Collected Poems 1909 – 1962*. Faber and Faber, 2002. Erscheinungsdatum „The Wasteland" 1922.
Ellis, Warren. Nina Simone's Gum. Faber & Faber, 2021.
Faulkner, William. *Requiem for a nun*. Vintage, 2015. Erscheinungsdatum der Originalausgabe auf Englisch 1951.

Frankl, Viktor. ...trotzdem Ja zu Leben sagen. Kösel, 2009. Erscheinungsdatum der Originalausgabe 1946.

Frankl, Viktor. *Der Wille zum Sinn*. Hogrefe, 2021. Erscheinungsdatum der Originalausgabe „Zeit und Verantwortung" 1947.

Fodor, Jerry. *LOT 2 – the language of thought revisited*. Oxford University Press, 2008.

Gentry, B.A. *Measuring the present: What is the duration of 'now'?* Synthese 198, 9357–9371 (2021).

Graves, Alex, Regisseur. *The Long Goodbye*, Folge 13 aus Staffel 4 der Serie *Westwing*. John Wells Productions und Warner Bros, 2003.

Gunnarsson, Logi. *Wer bin ich und wenn nein, warum nicht*. In *Personalität, Narrativität und praktische Rationalität. Die Einheit der Person aus metaphysischer und praktischer Perspektive*, Gasser, Georg und Schmidhuber, Martina (Hrsg.), Mentis, 2013.

Gunnarsson, Logi. *Vernunft und Temperament*. Brill/Mentis, 2020.

Haeffner, Gerd. *In der Gegenwart leben*. Kohlhammer, 1996.

Hofstadter, Douglas. *I am a strange loop*. Basic Books, 2007.

Holland, Henry Scott. The King of Terrors. https://en.wikisource.org/wiki/The_King_of_Terrors. Originaldatum 1910.

Horaz. Die Oden des Horaz in gereimten deutschen Versen. J. M. Flammer, 1861. Ursprüngliches Entstehungsdatum 23 v. Chr.

Hornsby, Roger A. *Horace, 'Ode' 3. 29*. The Classical Journal 54, no. 3 (1958): 129–36.

Hossenfelder, Sabine. *Existential Physics: A Scientist's Guide to Life's Biggest Questions*. Viking, 2022.

Hursthouse, Rosalind und Pettigrove, Glen. *Virtue Ethics*. In *The Stanford Encyclopedia of Philosophy (Winter 2022 Edition)*, Edward N. Zalta & Uri Nodelman (Hrsg.), URL = https://plato.stanford.edu/archives/win2022/entries/ethics-virtue/.

Ingram, David und Tallant, Jonathan. *Presentism*. In *The Stanford Encyclopedia of Philosophy (Winter 2023 Edition)*, Edward N. Zalta und Uri Nodelman (Hrsg.), URL = <https://plato.stanford.edu/archives/win2023/entries/presentism/>.

James, William. *The Principles of Psychology*. H. Holt and company, 1890.

Jaskolla, Ludwig. *Real Fourdimensionalism*. Springer, 2017.

Kanzian, Christian. *Persistence*. In *Handbook of Mereology*, Seibt, Imaguire, Gerogiorgakis (Hrsg.). Philosophia Verlag, 2017.

Kierland, Brian. *Grounding Past Truths: Overcoming the Challenge.* In *New Papers on the Present*, Ciuni et al. (Hrsg.) Philosophia Verlag, 2013.
Klass, D, Silverman P.R. und Nickman, S.L. (Hrsg.). *Continuing bonds: New understandings of grief.* Routledge, 1996.
Klass, D. und Steffen, E. M. (Hrsg.). *Continuing bonds in bereavement, new directions for Research and Practice.* Routledge, 2018.
Korte, Martin. *Wir sind Erinnerung.* Deutsche Verlags-Anstalt, 2017.
LaPlace, Pierre Simon. *Philosophischer Versuch über die Wahrscheinlichkeiten.* Duncker & Humblot, 1886. <http://eudml.org/doc/204432>.
Larkin, Philip. Collected Poems, Faber and Faber, 2003. Erscheinungsdatum „The Life with a Hole in it" 1974.
Le Poidevin, Robin. *Cause, Change and Contradiction.* Palgrave Macmillan, 1991.
Le Guin, Ursula K. *The Dispossessed.* Harper Voyager, 2011. Erscheinungsdatum der Originalausgabe auf Englisch 1974.
Ligotti, Thomas. *The Conspiracy against the Human Race.* Hippocampus Press, 2010.
Lowe, E. J. *Presentism and Relativity: No Conflict.* In *New Papers on the Present*, Ciuni et al. (Hrsg.) Philosophia Verlag, 2013.
Lugt, Mara van der. *Dark Matters: Pessimism and the Problem of Suffering.* Princeton University Press, 2021.
Łukasiewicz, Jan. *On Determinism.* The Polish Review, Vol. 12, No. 3 (Summer, 1968), S. 47–61. Erscheinungsdatum der Originalausgabe auf Englisch 1946.
McHenry, Leemon B. *The Ontology of the Past: Whitehead and Santayana.* The Journal of Speculative Philosophy, New Series, Volume 14, Number 3, 2000, pp. 219–31.
McTaggart, John. *The Unreality of Time.* Mind, 17 (1908), S. 457–474.
Meyer, Ulrich. *The Triviality of Presentism.* In *New Papers on the Present*, Ciuni et al. (Hrsg.) Philosophia Verlag, 2013.
Nietzsche, Friedrich. *Kritische Studienausgabe 3.* De Gruyter, 2018. Erscheinungsdatum der Originalausgabe *Die fröhliche Wissenschaft* 1882.
Nietzsche, Friedrich. *Also Sprach Zarathustra.* Alfred Kröner Verlag, 1930. Erscheinungsdatum der Originalausgabe *Also Sprach Zarathustra* 1883–1885.
Nietzsche, Friedrich. *Jenseits von Gut und Böse/Zur Genealogie der Moral.* Alfred Kröner Verlag, 1924. Erscheinungsdatum der Originalausgabe *Jenseits von Gut und Böse* 1886, *Zur Genealogie der Moral* 1887.

Olson, Eric T. *Personal Identity*. The Stanford Encyclopedia of Philosophy (Summer 2022 Edition), Edward N. Zalta (Hrsg.), URL = <https://plato.stanford.edu/archives/sum2022/entries/identity-personal/>.
Oreskes, Naomi. *Why Trust Science?* Princeton University Press, 2021.
Prior, A. N. *Thank Goodness that's over*. Philosophy. 1959; 34(128): 12–17.
Prosser, Simon. *Experiencing time*. Oxford University Press, 2016.
Ratcliffe, Matthew. *Grief Worlds*. MIT Press, 2022.
Rescher, Nicholas. *Process Metaphysics*. Suny Press, 1996.
Russell, Bertrand. *Mysticism and Logic and other essays*. Cox & Wyman, 1986. Erscheinungsdatum der Originalausgabe „A Free Man's Worship" 1903.
Saks, Elyn. *Interpreting Interpretation*. Yale University Press, 1999.
Santayana, George. *Reason in Religion*. Critical Edition, Volume VII, Book 3, MIT Press, 2014. Veröffentlichung der Originalausgabe 1905.
Scott, Ridley, Regisseur. *Blade Runner*. Warner Bros, 1982.
Sprigge, Timothy L. *Santayana*. Routledge, 1995.
Steglich-Peterson, Asbjørn. *Metaphysics: 5 Questions*. Automatic Press/VIP, 2010.
Wallace, David Foster. *Fate, Time and Language*. Columbia University Press, 2011.
White Stripes. *Icky Thump*. Warner Bros/Third Man, 2007.
Whitehead, Alfred North. *Science and the Modern World*. Free Press, 1967. Veröffentlichung der Originalausgabe 1925.
Whitehead, Alfred North. *Process and Reality*. Free Press, 1978. Veröffentlichung der Originalausgabe 1929.
Wilde, Oscar. De Profundis. G. P. Putnam's Sons, 1905. Ursprüngliche Verfassung 1895–1897.
Wittgenstein, Ludwig. *Tractatus logico-philosophicus*. Suhrkamp, 1984. Veröffentlichung der Originalausgabe 1922.
Wolfe, Gene. *The Sword of the Lictor/The Citadel of the Autarch*. Tom Doherty Associates, 1994. Veröffentlichung der Originalausgabe 1982.
Wolfe, Thomas. *Schau Heimwärts, Engel*. Rowohlt, 1998. Erscheinungsdatum der Originalausgabe auf Englisch 1929.
Yourcenar, Marguerite. *Memoirs of Hadrian*. Farrar, Straus and Giroux, 2005. Erscheinungsdatum der englischen Originalausgabe 1954.

GPSR Compliance

The European Union's (EU) General Product Safety Regulation (GPSR) is a set of rules that requires consumer products to be safe and our obligations to ensure this.

If you have any concerns about our products, you can contact us on

ProductSafety@springernature.com

In case Publisher is established outside the EU, the EU authorized representative is:

Springer Nature Customer Service Center GmbH
Europaplatz 3
69115 Heidelberg, Germany

www.ingramcontent.com/pod-product-compliance
Lightning Source LLC
LaVergne TN
LVHW012045070526
838202LV00056B/5602